빛깔있는 책들 103 - 38

불교 의식구

글, 사진/홍윤식

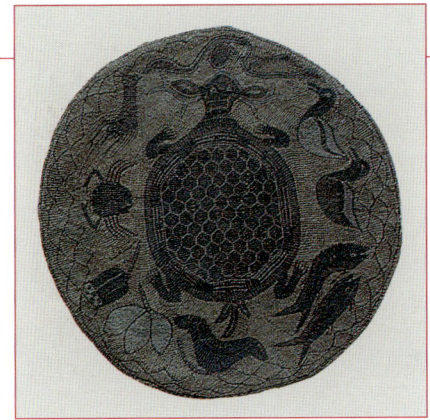

대원사

홍윤식 ─────────

일본 교토(京都) 불교대학원에서 문학
박사 학위를 받았다. 원광대학교 국사
교육과 교수, 동국대학교 역사교육과
교수·문화예술대학원장을 역임하였으
며 현재 서울국악예술고등학교 교장으
로 있다. 『한국불교의례의 연구』(일어
판), 『고려불화의 연구』, 『삼국유사와
한국고대문화』, 『한국의 불교미술』, 『불
화』, 『영산재』, 『만다라』, 『한국불화 화
기집』 등 여러 권의 저서가 있다.

─────────

이 책에 실린 불교 의식 용구는 통도사
성보박물관과 동국대학교박물관 소장
품이다.

빛깔있는 책들 103-38

불교 의식구

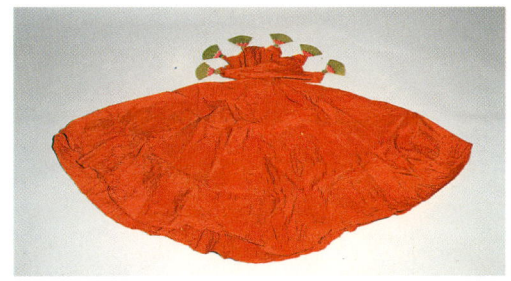

불교 의식구

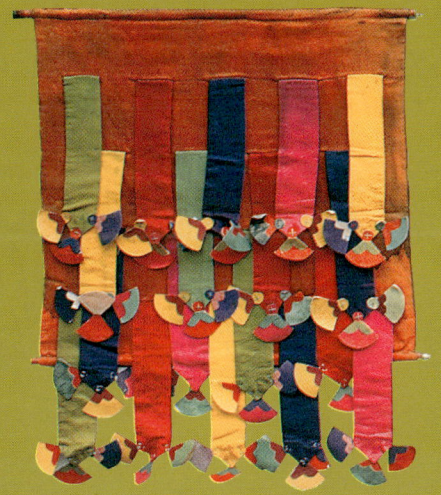

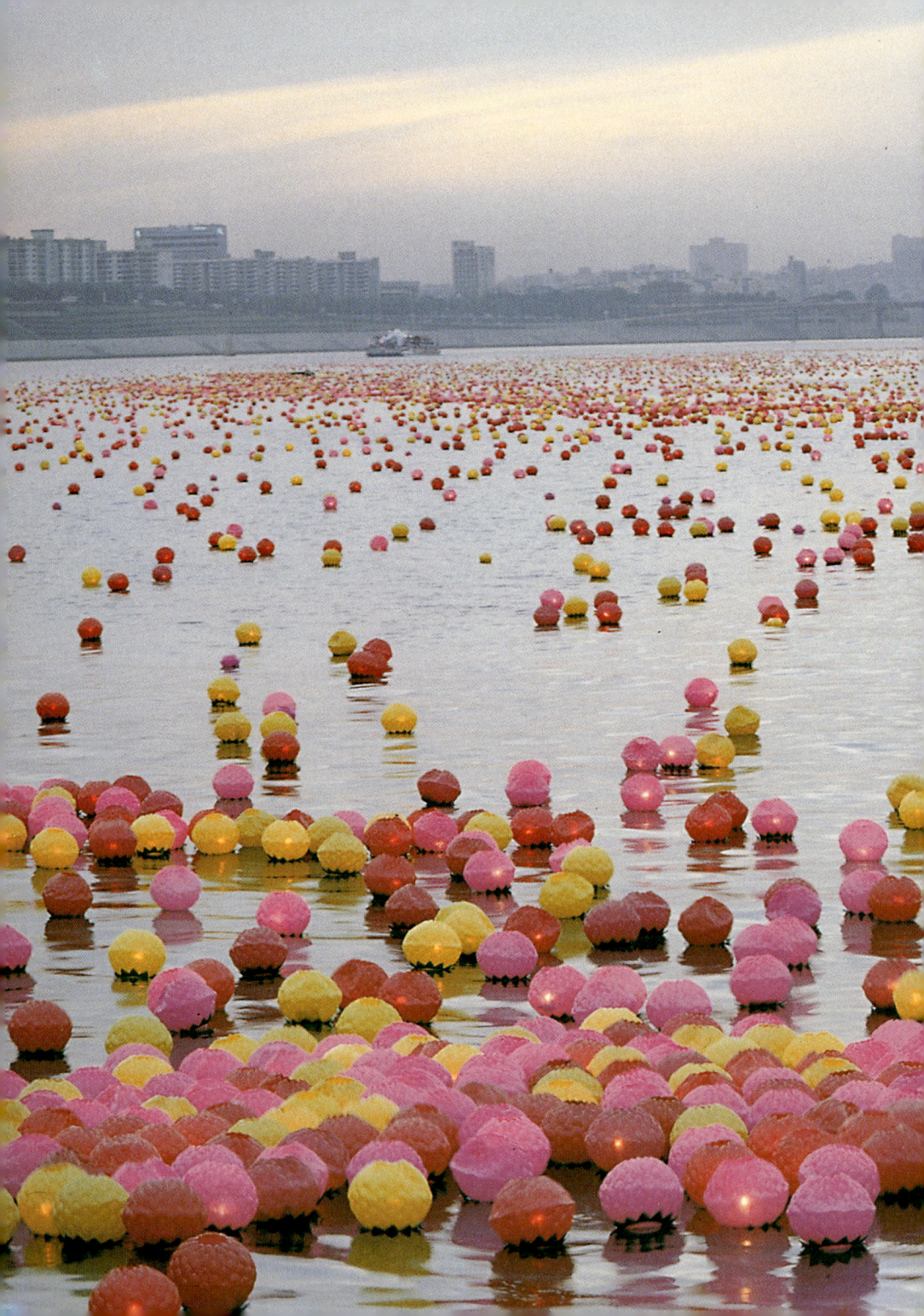

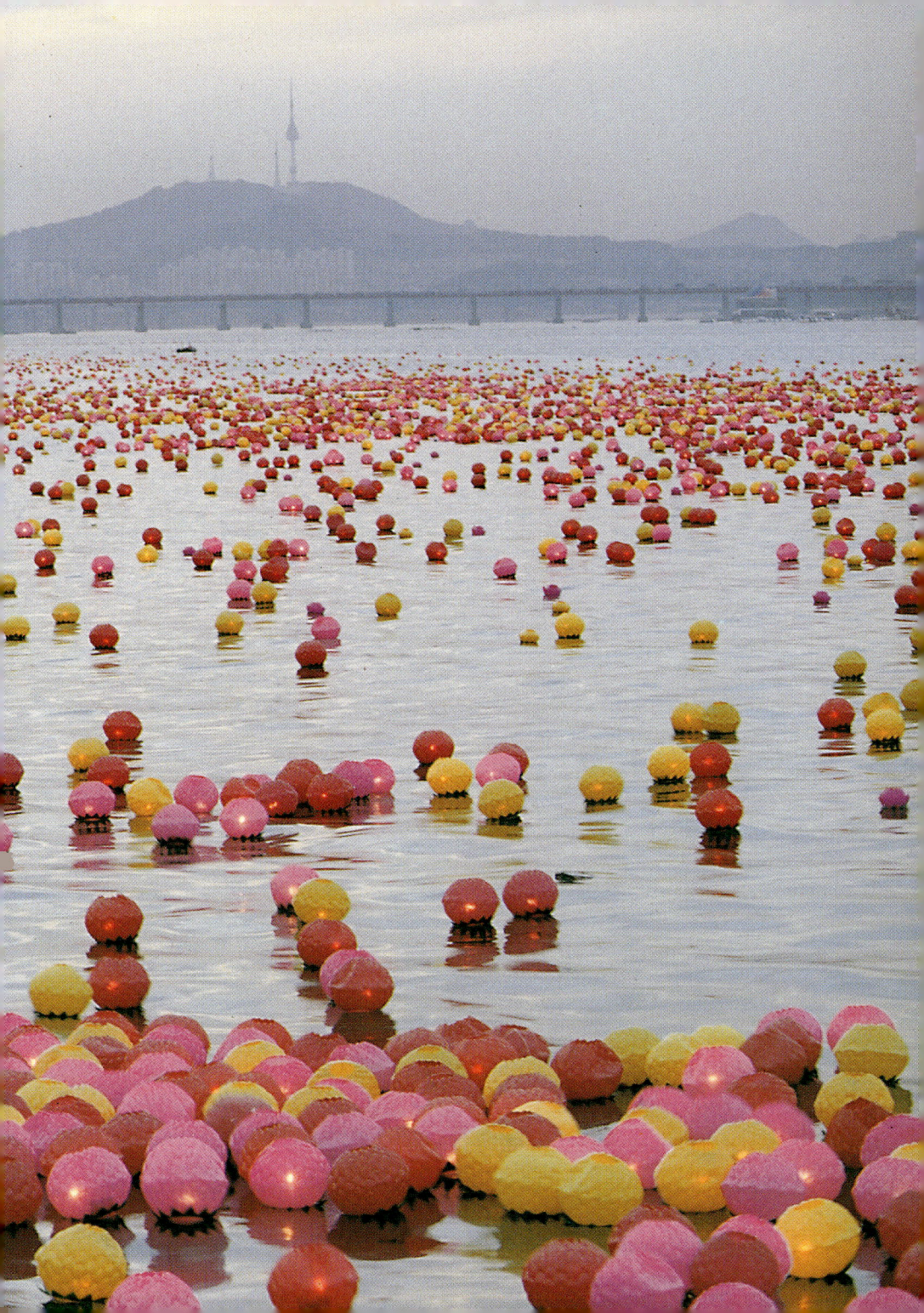

머리말

    불교 미술의 장르를 일반 미술과 비교하여 분류하면 불상은 조각에, 불화는 회화, 불구(佛具)는 공예에 해당한다. 이러한 예에 견주어 말하면 불교 의식 용구는 불구에 해당하는 불교 미술품이라 할 수 있다.

    그러나 이들 불교 의식 용구는 불상이나 불화 등과는 다른 측면에서 이해되어야 할 불교 미술품이다.

    예컨대 불상과 불화는 예배의 대상으로 일정한 장소에 봉안되어야 한다는 조건을 지니고 있다. 이에 반하여 불교 의식 용구는 불교라는 종교의 신앙 생활을 영위하는 데 필요한 다른 문화적 요인을 아울러 지니고 있다. 곧 불교 의식 용구는 음악적 기능, 연극적 기능, 문학적 기능, 무용적 기능, 장식적 기능 등 종합적 문화 행위의 대상이 되는 것이다. 이처럼 불교 공예품은 불교 의식의 소산일 뿐 아니라 문화 복합체(文化複合體)로서의 성격을 아울러 지니고 있다.

    불교 의식 용구에 대한 이러한 이해 방법은 불교 미술 전반에 대한 새로운 인식과 이해의 방법론을 필요로 하게 된다는 데서 주목된다. 곧 불교 미술은 건축·조각·회화·공예 등으로 나누어지지만 이들은 모두가 불교 의식의 소산이란 사실과 더불어 이들을 종합 예술로 이해할 필요가 있다는 것이다.

불교 미술품은 일반 미술품이 지니고 있는 조각·회화·건축·공예 등의 여러 장르를 모두 갖고 있다. 하지만 이들은 각각 독립된 분야로서의 미술적 의미를 지니는 것이 아니라 서로서로 연관된 조화미를 바탕으로 하고 있음이 그와 같은 것이다. 따라서 이들 불교 조각·불교 회화·불교 건축·불교 공예 등은 그 양식적 변화도 여러 분야의 조화 속에서 이루어진다는 사실을 주목하지 않으면 안 된다.

불교는 깨달음을 목적으로 한 자력적(自力的) 종교이다. 따라서 조각으로서의 불상이나 불화에서의 불상 등은 깨달은 모습, 완성된 모습들을 통해 대중들에게 감화력을 부여하려 하는 것이다. 다시 말해 정적(靜的)인 존재로 대중을 감화시키는 것이다. 반면에 불교 공예품은 여기에 동적인 활동성을 보여 내적(內的)인 변화를 일으키게 하는 것이라 할 수 있다.

다시 말하면 불상·불화 등이 '깨달은 모습'이라는 상징에서 이해되는 것이라면, 불교 의식 용구는 깨닫고, 자비를 베풀고 하는 등의 움직임을 통해 내용을 받아들이는 정열로 이해된다는 것이 다른 점이다. 조각가나 화가가 이루어 낼 수 없는 측면을 의식 용구는 의식 행위를 통하여 입체적으로, 시각적으로 표현하고 있는 것이다.

불교 의식 용구는 불교 의식의 기능과 동시에 고려될 때에 이해가 가능하며 그렇지 않을 때는 일반 불교 미술품과 같이 감상의 대상에 지나지 않게 된다는 사실에 주목해야만 한다. 따라서 정적인 불교 공예품을 불교 의식 용구라는 동적인 개념으로 이해하기 위해서는 먼저 불교 의식의 의미를 알지 않으면 안 된다.

불교 의식의 기능과 의미

불교 의식의 기능

전통적인 사찰 배치 양식을 보면 부처와 보살을 모신 불전(佛殿)이 중앙에 있고 그 전후좌우에는 불전을 옹호하는 사천왕문 등의 전각과 신중 신앙(神衆信仰)에서 분화된 산신각 등이 위치한다. 이처럼 불전을 중심으로 정연한 질서에 의해 이루어지고 있는 가람 배치 체계상에서의 각 전각들이 불교 건축물이다.

각 전각에는 그들 전각의 기능과 성격에 알맞은 불상이나 보살상을 조각하여 봉안하고 또한 그들 조각상의 기능을 좀더 쉽게 이해할 수 있도록 후불 탱화를 그려서 조각상의 뒤에 걸어 놓는다. 그리고 조각이나 회화로 모신 불격(佛格)에 따라 그에 알맞는 문양으로 단청을 하여 부처나 보살 또는 신중상(神衆像)을 입체적으로 전각에 나타내려 하였다.

이와 같은 문화 유산을 일반 예술과 비교하여 불교 조각 혹은 불교 회화 등으로 지칭하고 있다. 그런가 하면 정연한 가람 배치 체계에 의한 건축 양식에 걸맞는 각 전각 내에 불·보살상들의 조각이나 불화 등을 봉안하고 단청을 하는 것은 모두가 불교의 이상 세계를 입체적으로 나타내기 위한 것이라 할 수 있다.

그러나 불교의 이상 세계를 단순한 입체감만으로 제대로 구현할 수는 없다. 여기에 의식 행위를 더하여 더욱 생동감 있는 이상 세계를 구현해 나가지 않으면 아무리 훌륭한 건축 양식에, 훌륭한 불·보살상을 모신 사찰이라 할지라도 그것은 새로운 문화 창조의 원동력으로써 우리에게 인식되기는 어렵다. 그리하여 불교의 이상 세계인 정토를 표현한 각 경전들은 정토 장엄의 모습을 전각과 그 정토의 부처와 보살 및 성문(聲聞)들, 그리고 자연 환경으로서의 수림(樹林)과 연못 등을 묘사하고 있다.

이와 같은 시각적 대상과 더불어 이들이 움직여서 내는 소리와 동작이 조화되어 정토의 장엄은 극에 달한다. 그리하여 정토의 관경(觀境)을 그린 「관경변상도(觀境變相圖)」 등에서는 불교 의식에 사용되는 각종 악기를 묘사하여 이들 악기들이 스스로 연주되는 것임을 나타내고 있다.

감로 탱화 등에서는 의식을 행하는 장면을 직접 묘사하여 교화와 중생 구제에는 반드시 의식 행위가 수반되어야 하는 것임을 나타내고 있다.

이처럼 형체를 갖지 않고 있는 불교의 관념적 의식이 공간의 의장에 의하여 형상화되고, 형상화됨에 따라 의식화되는 것임을 알 수 있다. 즉 설명에 의하지 않고 뜻을 전달하는 기능을 갖는 것이 의식 행위라 할 수 있다.

여기서의 의식은 그것을 행하는 자와 의식 공간이 일치되었을 때 또는 의식을 행하는 자가 의식 공간에 몰입하는 귀의의 상태에 있을 때 비로소 의식이 성립된다고 할 수 있다.

따라서 이와 같은 불교 의식의 성립으로 불교 신앙에 있어 종교적 주체와 객체의 합일 또는 합의가 이루어지는 것이다. 불교의 근본은 마음(心學)에 있지만 그것이 사회와 상관 관계를 가질 때에 사원이 생기고 그에 따른 각종 불교 문화가 형성된다.

 의식 행위는 불교 의식에서만 필요한 것이 아니라 인간이 물질을 지배하고, 물질이 인간을 지배하는 현대 문명의 고민을 해결하기 위해서도 필요하다. 다시 말해 오늘의 사회는 탈공업화·정보화 사

「관경변상도」 부분 극락 세계의 여러 가지 장면을 그림으로 표현한 것으로, 위에는 극락의 궁전과 아미타 삼존을 묘사하고 그 아래쪽에는 연못을 통해 왕생한 왕생인 그리고 그 아래에는 극락의 성중(聖衆)과 보수(寶樹)를 묘사하였다. 왼쪽에 불교 의식에 사용되는 악기들이 보인다.

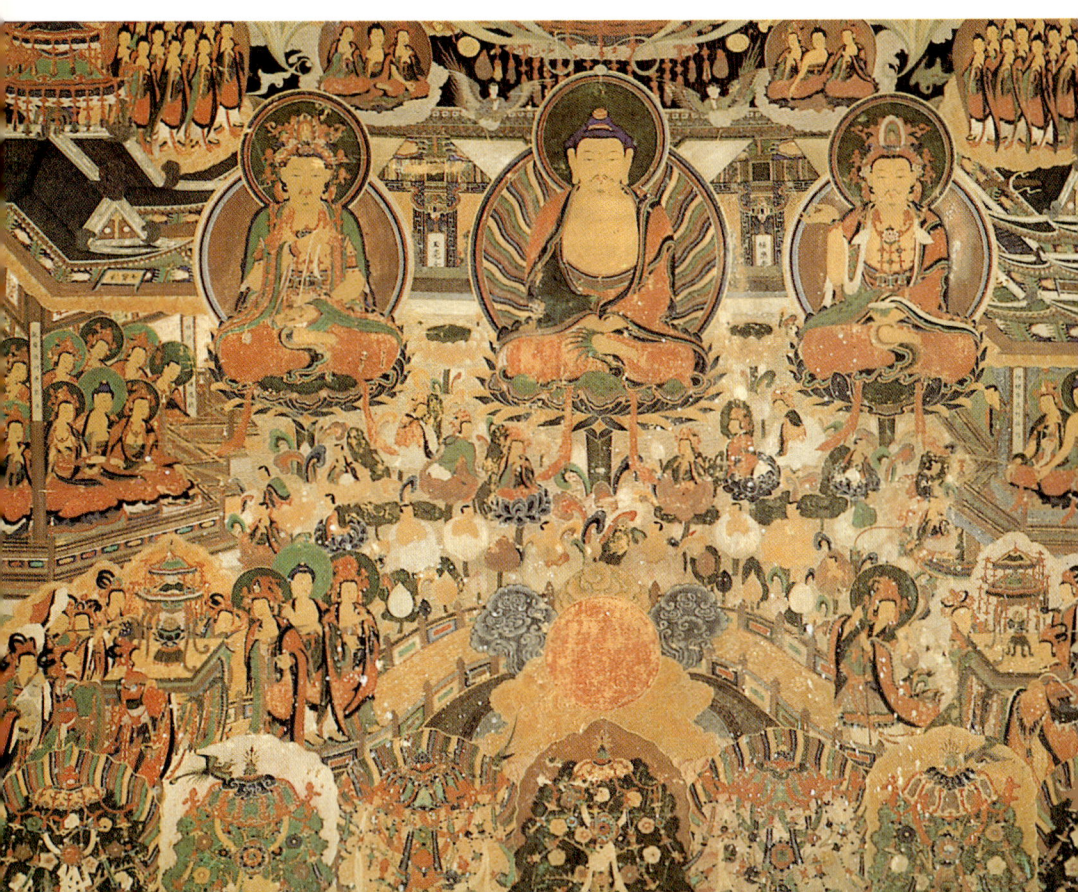

회를 지향하므로 현재의 사회 생활에 가치를 부여하는 수단으로 또는 문화 창조의 원동력으로 의식 행위를 필요로 하는 것이다. 탈공업화란 인간 활동의 목적 의식이 공업에서 그를 움직이는 인간에게 되돌아옴을 의미하고, 정보화란 인간의 문명적 활동이 문화라는 형상으로 환원됨을 의미하는 것이다.

그리하여 만일 사물을 의장하는 의식 행위가 없어진다면 오늘의 사회는 문화성을 잃어 기계 문명만 존재하게 된다. 곧 오늘날 기계 문명이 특정한 의미를 갖고 존재하기 위해서나 기계 문명과 인간과의 대립을 벗어난 상호 교류가 이루어지기 위해서는 일정한 의식 행위가 필요하다는 사실을 명심할 필요가 있다.

불교 의식의 의미

불교 의식의 종교적 기능은 신앙의 대상에 대한 실재감을 고양시키는 데 있으며 그 사회적 기능은 집단과 사회를 재확인하는 것에 있다. 이러한 확인을 통해 사회 집단의 공통 감정을 상징화하거나 심화하여 집단의 결합력을 강화한다.

다른 한편 전통과 보수적인 성격 그리고 사회의 승인이라는 기능을 지녀 종교 의식으로서의 불교 의식이 애당초에는 신앙 대상의 실재감을 고양시킨다는 목적에서 출발하였지만 차츰 민족 감정을 상징화하고 결합을 강화시키는 매개로 작용하여 우리 전통 문화의 형성 발전에 기여하게 되었다는 사실을 주목하지 않으면 안 된다.

왜냐하면 전통 사회에서는 경건함으로 대표되는 불교 의식이 종교 의식의 주류를 이루어 왔으며, 불교 의식은 경건한 종교적 정서를 내포하게 되었다. 또 일반 행위도 종교적 의미를 갖게 되었다.

한편 종교 의식의 특질은 초월적 존재와 유한적 존재와의 상호 관계라는 의미를 지닌다. 유한적 존재는 어떠한 의미에서건 무한적 존재에 접근하려 하고 초월적 존재는 유한적 존재에 응답을 주는 것을 원칙으로 하고 있다. 그런데 이와 같은 양자의 노력은 각 종교의 실수(實修) 내지 의식과 의례에 대하여 하나의 기본 양식을 부여하게 된다. 이것은 인간의 성화(聖化)임과 동시에 초월적 존재의 유한화라 할 수 있다.

이를 불교 의식의 예에서 보면 불도(佛道)를 수행하여 득오(得悟)의 경지에 도달하고, 다른 한편 세속을 위하여 원리적 존재인 불법(佛法)이 눈으로 직접 볼 수 있는 여러 가지 형상으로 나타나고 있는 것 등이 그와 같은 것이라 할 수 있다. 기독교에서는 성찬(聖餐)과 계시(啓示)의 형태로 나타난다.

이러한 종교 의식의 일반적 특질을 성격적으로 보면 종교 의식이 밖으로 표현된 것이라 할 수 있고, 기능적으로 보면 종교적 대상과 하나되는 상징 작용이라 할 수 있다. 그러므로 인간을 초월적 존재에 이르게 하고 또한 초월적 존재를 세속에의 길로 이끄는 것이 종교 의식이라 할 수 있다.

이와 같은 전제 아래 조선시대의 불교 문화와 유교 문화를 위의 관계(威儀關係)의 예로 비교하여 보면 매우 흥미롭다.

사찰 법당의 건축 양식과 단청 문양 등은 조선시대 궁전의 정전 건축 양식이나 단청 문양과 너무도 흡사하다. 예전에는 임금을 하늘같이 여겨 임금이 나랏일을 보는 궁전은 운상(雲上)에 떠 있는 모양으로 화엄 미려(華嚴美麗)하게 꾸몄다. 그러므로 부처님과 보살 등의 불격을 모시는 법당은 더 말할 나위도 없다.

또 조선시대 불교 의식의 시련 행렬(侍輦行列)과 그에 사용되는 의구 등이 조선시대 능행도(陵行圖)에서 보여지는 그것과 유사하다는 데 놀라게 된다. 특히 시련 행렬과 어가 행렬의 기치들은 그 사용처를 구별하기 어려운 것들이 많다.

다른 점이 있다면 불전(佛殿)에는 불상이나 불화가 안치되는 불단이 마련되는 데 반하여 조선시대의 궁전에는 대신 용상(龍床)이 마련된다. 그리고 불교 의식의 시련 행렬에서는 가마에 부처와 보살을 모시고 승려가 법계나 소임에 따라 위의를 갖추고 배열하며 그 뒤에 일반 신도가 따른다. 그런데 능행도에서 보면 연에는 임금이 타고 각 품계의 백관들이 위의를 갖추고 배열하며 그 뒤에 일반 백성이 따르도록 되어 있음이 다를 뿐이다.

여기서 불교 의식과 유교 의식이 서로 교류가 있었다는 것을 알 수 있다. 또 경건함을 본질로 하는 종교 의식이 일반 의식의 표본이 되었음도 알 수 있다.

불교 의식의 구성

유나소(維那所) 설치

유나소란 각 사찰을 대표하는 스님으로 구성된 재 의식을 총지휘하는 기구이다. 유나(維那)의 유(維)는 사찰의 대소사를 관장하고 불사를 관리하는 직임(職任)인 강유(綱維)를 나타내고, 나(那)는 범어 갈마다나(Karmadāna, 揭磨陀那)의 준말로 부처와 보살의 형상과 위의를 만드는 것을 뜻한다. 이는 의식의 원만하고 뜻 있는 진행을 위하여 엄격한 심사를 거친 다음에 선정된 의식승으로 구성된다. 그 강령에서 말해 주듯이 유나소의 설치는 의식 절차에서 중요한 의미를 지닌다.

길가는법 열조목을 자세히 만들어서
너희들을 명령하여 경계함을 정하노니
반드시 믿고지켜 한가지도 어김없이
간절하게 빌고빈다 어리석은 마음갖고
배우고자 아니한즉 교만함은 늘어가고

어리석은 생각으로 닦지아니 하올진대
제한몸만 키우도다 실속없이 높은체는
주린범과 일반이요 지식없이 방자함은
업들어진 원숭일다 요사한말 못된말은
즐겁게 받아들고 성인교훈 현인글은
지성으로 듣지않네 선한길에 좇잖으니
너를누가 건저주리 악도중에 영영빠져
모든고에 얽히도다

　만일 유나소의 강령을 지키지 않으면 법회의 선악을 관찰하는 법사(法師)인 증명사(證明師)에 의하여 지적당하고 심하면 퇴장을 당하기도 한다

절차와 의식 용구

　불교 의식은 유형이 다양하지만 불교 민속 의식구와 관련된 의식은 영가 천도재가 주류를 이룬다. 천도재에는 상주권공재·영산재·각배재 등이 있으나 여기서는 이들 의식의 근본을 이루는 상주권공재를 중심으로 그 구성 절차를 살펴보면 영가를 맞이하여 불단에 공양 드리고 법식(法食)을 베풀어 받도록 한 다음 다시 영가를 대접하여 보내는 내용으로 구성되어 있는데 그 진행 절차를 소개하면 다음과 같다.

시련
　절 입구에서 영가나 부처와 보살을 맞이하는 의식을 말한다. 원래

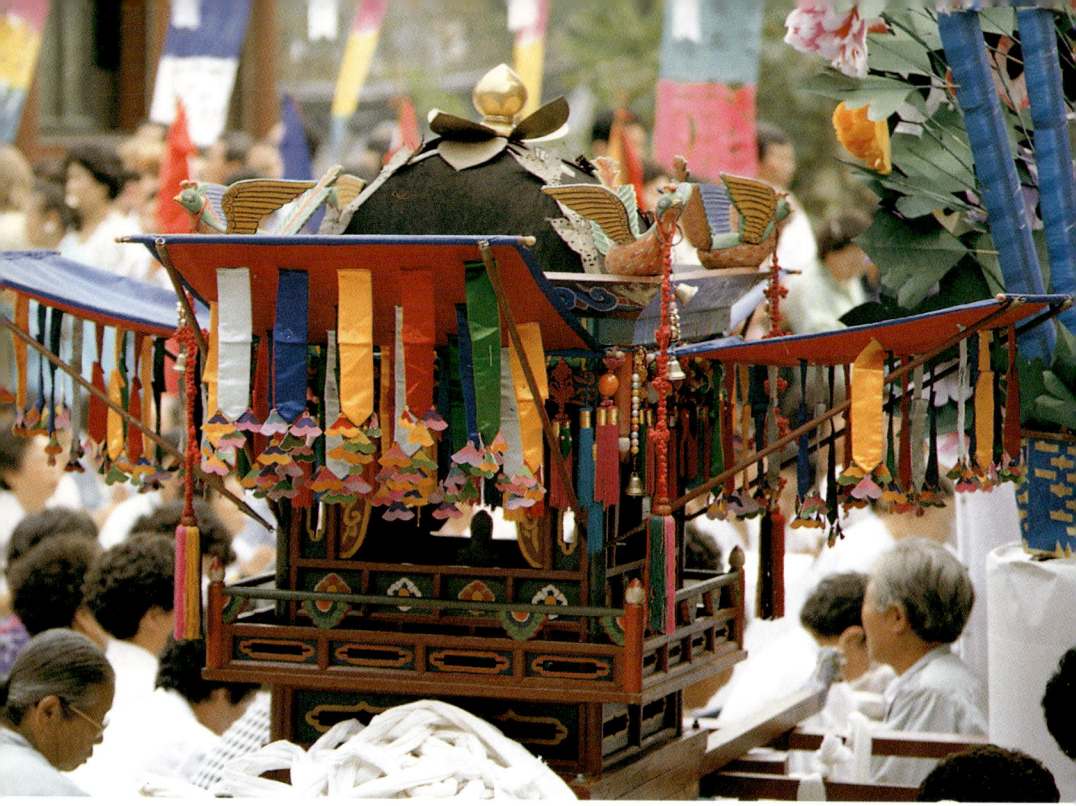

시련 장면 가마에 영가를 모셔 올 때에는 스님들을 비롯한 많은 신도들이 뒤따른다.

는 부처와 보살을 맞이하는 상단 시련, 호법 신중을 맞이하는 중단 시련, 천도 받을 영가를 맞이하는 하단 시련 등이 있었으나 오늘날에는 하단 시련만이 남아 있다.

『범음집』 등의 옛 문헌에 의하면 이들 세 가지 시련 의식이 있다고 하였으나 그 '의위도(儀威圖)'를 보면 시련의 대상을 위패 등으로 다르게 하여 의미 부여만 상단·중단·하단 시련으로 나누었을 뿐 형식이나 절차 등은 대동소이한 것을 알 수 있다.

이 시련 의식은 절 입구에 마련된 시련단(侍輦壇)에서 시련 대상을 맞이한 다음 부처와 보살을 모신 절 안으로 모셔 들이는 데 의식의 목적이 있다. 그러므로 행렬에 필요한 가마와 인로왕보살번기를 비롯한 각종 기치 등의 장엄 용구가 필요하게 된다. 그리고 스님들을 비롯한 많은 신도들이 뒤따르는 행렬 의식이 주가 된다. 시련 의식의 주지(主旨)는 '옹호게(擁護偈)'를 중심으로 무사히 시련 대상을 절 안으로 모셔 오게 하는 데 있다.

대령(對靈)

시련 절차에 의하여 절 안으로 모셔진 부처와 보살, 천도 받을 영가에게 오시느라 수고하셨다는 의미로 잠깐 휴식을 취하게 한다. 이것은 영가에게 부처와 보살을 만나게 될 차비를 갖추도록 하는 의식이다. 간단한 대령단이 마련되고 대령 의식 절차에 따라 의식문을 독송하며 의식을 진행한다.

대령 의식은 영가 천도를 주도할 아미타불과 그 협시로서의 관세음보살과 대세지보살(大勢至菩薩) 그리고 인로왕보살에 대한 귀의의 마음을 일게 하는 데 의식의 뜻이 담겨 있다.

관욕(灌浴)

관욕에 필요한 의식 용구로는 욕실을 상징하는 병풍, 그 안의 영가상, 세숫대야, 물을 뿌리는 버들 가지, 수건 등이다.

범부 중생은 원래 심신이 더럽혀져 있으므로 부처와 보살을 만나 뵙기 전에 천도 받을 영가는 목욕을 상징하는 의식을 행하는데 이를 '관욕(灌浴)'이라 한다. 관욕 의식은 영가가 옷을 벗고 욕실에 들어가서 양치와 세수를 하고 온몸을 씻는 목욕의 절차를 밀교의 수인으로 상징화하여 행한다.

이를 도해하면 다음과 같다.

영가의 목욕을 상징하는 진언과 수인

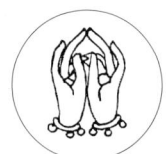

①
목욕 진언(沐浴眞言)
욕실에 들어감을 상징

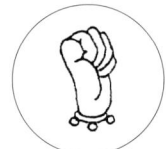

②
작양지 진언(嚼楊枝眞言)
목욕함을 상징

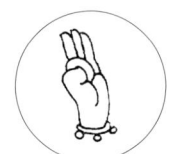

③
수구 진언(漱口眞言)
양치질함을 상징

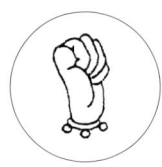

④
세수면 진언(洗手面眞言)
세수함을 상징

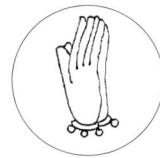

⑤
화의재 진언(化衣財眞言)
영가가 입을 새로운 옷으로
변하게 됨을 상징

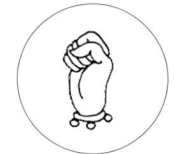

⑥
수의 진언(授衣眞言)
새로운 옷을 받게 됨을 상징

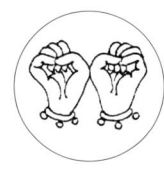

⑦
착의 진언(着衣眞言)
영가가 새옷을 입는 것을 상징

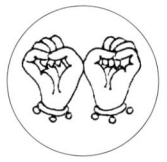

⑧
정의 진언(整衣眞言)
영가가 새옷을 입고 이를
잘 정돈함을 상징

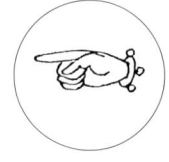

⑨
지단 진언(指壇眞言)
영가가 목욕하고 새옷을 갈아
입었으므로 비로소 불단(佛壇)에
나아갈 수 있게 되었음을 상징

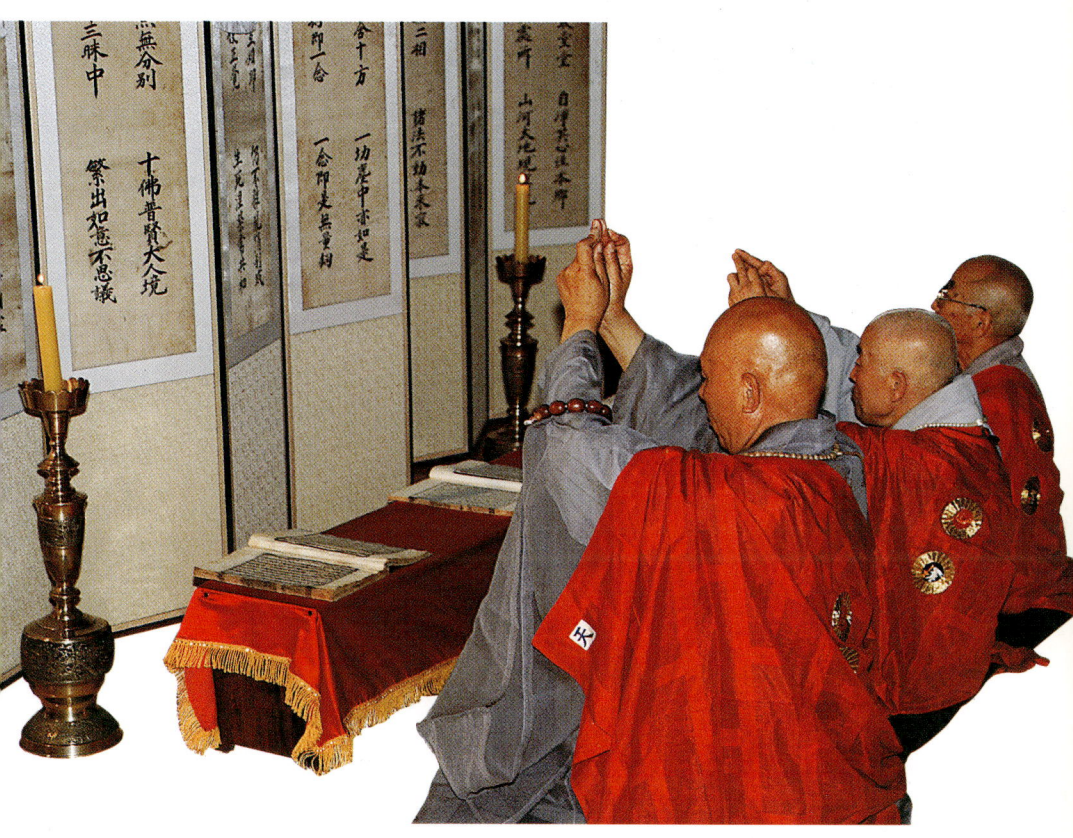

관욕 장면 병풍 안에 관욕단을 차리고 병풍 밖 앞쪽에 의식승이 앉아 결인(結印)으로 영가의 목욕을 상징하는 의식을 하고 있다.

신중 작법(神衆作法)

부처와 보살을 맞이하여 영가를 천도하기 위해서는 의식 도량이 청정하여야 한다. 모든 불법 수호를 서원한 수호 선신(善神)들을 청하여 이들로 하여금 청정한 의식 도량을 수호하게 하는 의식 행위이다.

신중 작법을 크게 행할 때는 104위의 신중을 의식 도량에 초청하

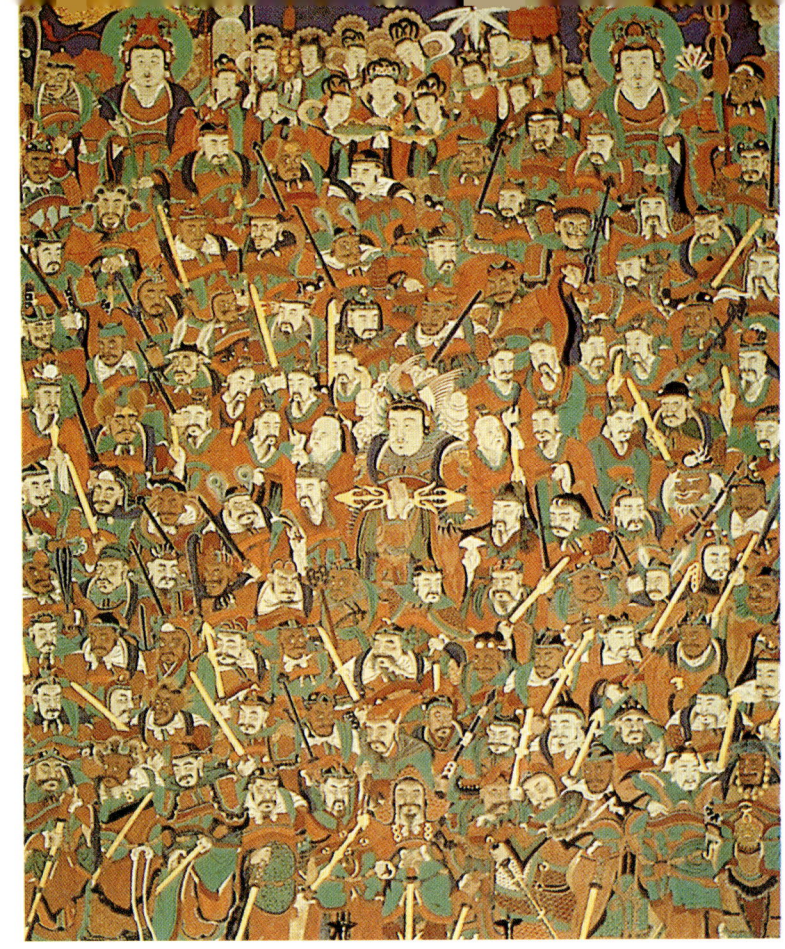

104위 신중도 위에는 제석천과 대범천을 중심으로 한 천중상을, 아래에는 동진보살을 중심으로 8부 신장, 8부 금강, 8부 용왕 등 불법을 수호하는 104위의 신중을 표현하였다.

고, 작게 행할 때는 39위의 신중을 초청하는데 이들은 모두가 『화엄경』에 의한 불법 수호신들이다.

　의식의 절차는 바라춤을 추는 가운데 이들 신중들의 명호를 하나하나 봉청하는 형식을 취한다. 신중을 봉청하는 소리는 범패로 하거나 태징을 치기도 하여 대단히 요란한 의식의 분위기를 만들어 악귀를 내쫓는다는 상징적 의미도 있다.

상단 권공(上壇勸供)

시련·대령·관욕·신중 작법의 선행 의식이 모두 끝나면 천도 받을 영가는 비로소 불단에 나아가 부처와 보살께 예배와 공양을 드리고 극락 왕생을 발원하는 의식을 행하는데 이를 상단 권공이라 한다. 이때 불단에는 향·등·꽃·차·과일·쌀 등의 육법 공양(六法供養)에 필요한 공양 의식구가 놓이고, 의식을 집행하는 데 필요한 범종, 요령, 목탁, 굉쇠 등의 의식구가 필요하게 된다.

이 상단 권공이 불교 의식의 절정이 되고 이때 법상 위에서 영가를 위한 영가 법문이 있게 되는데 이는 의식을 행하는 의식승의 법

육법 공양 불전에 향, 등, 꽃, 차, 과일, 쌀 등 6가지를 공양한다.

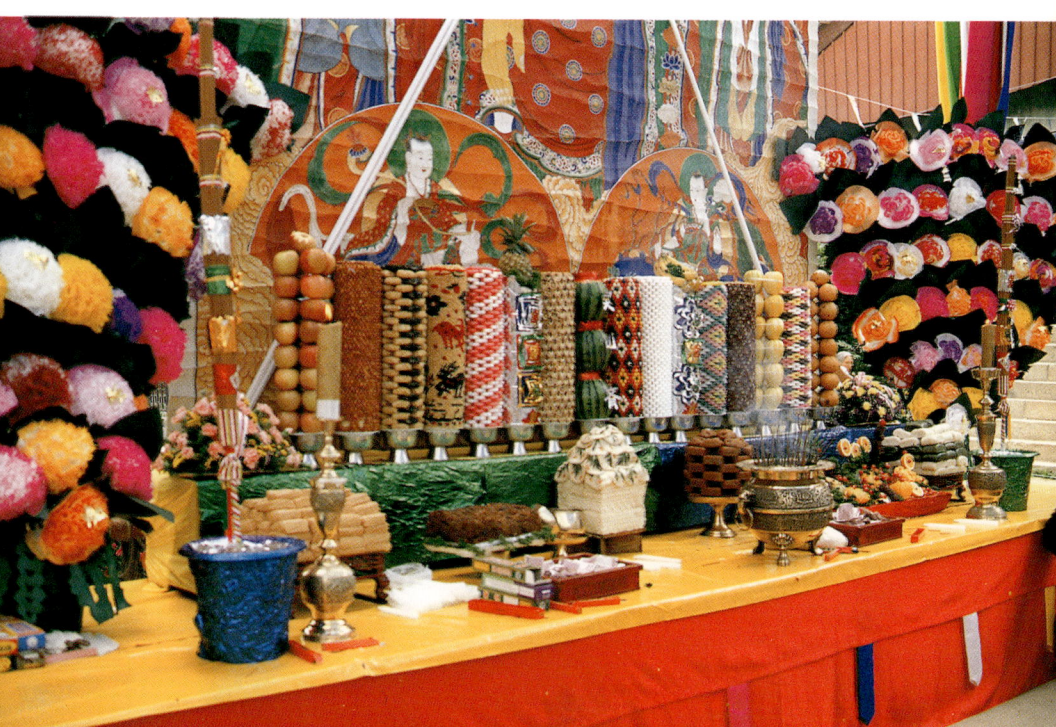

문이 아니라 부처님의 큰 말씀[大說]이라는 상징적 의미를 지닌다. 이러한 연극적 성격에 더욱 감화력(感化力)을 지니게 되는 것이라 할 수 있다.

관음 시식(觀音施食)

상단 권공이 부처와 보살께 공양하고 예배와 기원을 드리는 의식 행위라면 관음 시식은 영가에게 음식을 베푸는 일반 제사의 의미를 지니는 불교 의식이다. 이 관음 시식은 시식단을 별도로 마련하고 사진이나, 위패를 모신 뒤 의식승이 요령을 흔들면서 시식문(施食門)을 낭송하는 형식을 취한다.

봉송 의식(奉送儀式)

봉송 의식은 시련 의식으로 모셔 왔던 부처와 보살, 영가를 다시 잘 가시도록 하는 의식이다. 이때의 봉송은 부처와 보살을 먼저 봉송하고 그 다음에 영가를 보내는 절차로 행한다.

봉송 절차는 봉송 의식문을 법주(法主)가 독송하고 나면, 의식에 참여하였던 대중은 법주의 뒤를 따라 법성게(法性偈)를 독송하면서 10바라밀의 방향으로 행렬을 지어 돈다. 보례게(普禮偈), 행기게(行氣偈) 등을 독송하면서 예배 드리고 꽃을 흩날려 산화락(散花落)하면서 모든 의식은 대단원의 막을 내린다.

봉송 의식의 특징은 의식에 참여한 모든 대중이 다함께 한다는 데 있다. 다른 의식이 주로 의식승에 의해 행해지는 것과는 대조적이다. 또 이 의식은 자득 자수(自得自修)라는 수행 의례에서 한걸음 더 나아가서 기원·회향·추선 공양(追善供養)이라고 하는 교리적인 변천과 함께 발전된 의식이며 민간 신앙까지도 많이 수용하고 있다.

10바라밀도

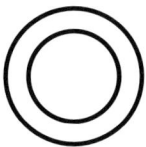

9. 힘[力]

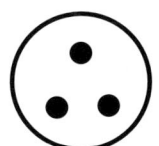

10. 지(智)

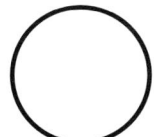

1. 보시(布施)

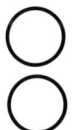

8. 원(願)

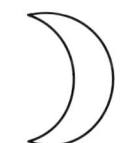

2. 지계(持戒)

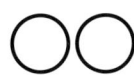

7. 방편(方便)

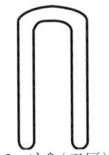

3. 인욕(忍辱)

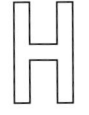

6. 지혜(智慧)

5. 선정(禪定)

4. 정진(精進)

불교 의식의 신앙적 구조

여러 가지 불교 의식 가운데 천도재를 통해 불교 의식의 신앙적 구조를 살펴볼 수 있다. 그 구조는 두 가지 측면에서 살필 수 있는데 하나는 불교 본연의 신앙 의례가 어떤 것이냐 하는 것이고, 다른 하나는 거기에 불교적 의미를 어떻게 부여하느냐 하는 것이다.

우선 불교 의식은 자행과 타행의 두 부분으로 나누어서 생각할 수 있다. 이것은 대승 불교의 '상구보리(上求菩提) 하화중생(下化衆生)'의 이념이 의식의 기본이 되어 있음을 말하여 주는 것이다.

자행 의식은 수도를 위한 수행 의례와 보은 의례(報恩儀禮)로 구분된다. 수행 의례는 자기 신앙의 발전과 심화를 꾀하기 위하여 행하는 의례로 일상 권행(日常勸行)과 수양회(修養會) 등이 특히 출가자에게 중요하다고 할 수 있고, 보은 의례는 불조(佛祖)와 조사(祖師)의 은덕에 보은의 덕을 표하며 행하는 의례이다.

그런데 오늘날의 사원에서 가장 큰 비중을 차지하는 것은 타행 의식이다. 이 타행 의식은 출가자가 재가자의 의뢰에 의하여 기도하는 기원 의례(祈願儀禮)와 선근 공덕(善根功德)을 사자(死者) 혹은 일체 중생에게 회향하는 회향 의례(回向儀禮)로 다시 나누어진다.

그러면 다음에는 이를 영혼 천도 의례를 통해 구체적으로 살펴보자.

영혼 천도 의례는 향등 공양(香燈供養), 예경 개계(禮敬開啓), 참회, 청법(請法), 계청(啓請), 거불(擧佛), 유치 청사(由致請詞), 예찬(禮讚), 정례(頂禮), 헌공(獻供), 발원, 회향, 축원 등으로 상단 권공의 절차를 이룬다. 불보살단의 신앙 의례이자 본연의 불교 의례라 할 수 있는 상단 권공을 다시 청법 이전과 청법 이후로 나누어 살펴보면 각기 다른 구조적 성격을 지니고 있음을 알 수 있다. 즉 청법 이전은 자행 의식의 구조를 지니고 있음을 살필 수 있다는 것이다.

이를 다시 말하면 청법 이전은 자행 의식의 기본 요건이라 할 수 있는 향등 공양, 정례, 찬불, 참회, 수경(收經) 등으로 자기 신앙의 정진에 치중한다. 청법 이후는 자행 의식의 기본 위에 상단소(上壇疏), 유치 청사, 거불 등에서 보는 바와 같이 기원과 회향의 소재를 삽입하여 타행 의식화한다. 따라서 이 자행 의식을 불교 본연의 신앙 의례라고 말한다.

불교 본래의 신앙 의례에 재래의 민간 신앙적 요소가 어떻게 수용되어 불교적 의미를 부여받게 되었을까. 우선 그 바탕은 불교 의식의 타행화에서 찾을 수 있다. 불교 의식으로서의 자행 의식이 타행 의식화되면서 불교는 민간 신앙화되고 민간 신앙은 불교화되었다는 데 주목할 필요가 있다.

불교가 민간 신앙화하는 형태는 두 가지가 있다. 그 하나는 불교 신앙 자체가 민간 신앙화하는 것이요, 다른 하나는 불교가 다른 민간 신앙적 요소를 수용하여 민간 신앙화하는 것이다. 전자는 자행 의식에 기원과 회향의 소재를 삽입한 상단 권공이 그 좋은 예라 할 것이다. 그리고 후자는 불교가 민간 신앙을 수용하여 거기에 자행 의식의 공덕을 회향하여 기원하는 형태로서 시왕단, 칠성단, 산신단, 영단 등 각종 민간 신앙적 요소에 자행 의식의 공덕을 회향하여 불교적 의미를 부여하는 경우이다.

이렇게 보면 민간 신앙이 불교에 수용된다는 것은 회향이라는 기연(機緣)으로 이루어지고 그렇게 함으로써 수용된 민간 신앙은 독자적인 존립의 기능을 잃고 불교와의 상관 관계에서 비로소 그 의미를 찾을 수 있게 되는 것이다.

영혼 천도 의례의 전반적인 구성 절차가 각종의 민간 신앙적 요소를 수용하면서도 전체 구조에서 보면 결국 불교 신앙 의식으로서의 성격을 잃지 않고 정연한 신앙 체계를 지니고 있다.

시련, 대령, 신중 작법은 부처와 보살 및 신중, 영혼 등을 영접하고 불가와 인연을 맺어 자기 정화와 도량을 정화하는 의례이다. 그런데 이는 상단 권공의 제1단계라 할 수 있는 할향(喝香)에서 참회까지의 공양 정례, 도량 정화, 자기 정화, 참회와 같은 성격의 의식이다. 여기까지를 의례의 서분(序分)이라 할 수 있다.

그리고 상단 권공의 정재게(頂載偈), 개법게(開法偈)에서 준제 공덕취(準提功德聚)까지는 자행 의식이고 그 위에 결회(結會)의 취지를 아뢰고 의례를 행하게 된 공덕을 영가에게 회향하고 발원함으로써 타행 의식화한다. 여기서 영가에게 회향한다는 의미가 더욱 강조되고 조상 숭배 신앙과 습합되어 영가에게 법회를 베푸는 시식 의례가 행해진다. 이는 불교가 민간 신앙 또는 수용자 측의 요구에 부응해 가는 과정에서 얼마든지 새로운 불교 의식의 전개를 가능하게 하는 것이라 할 수 있다. 각배재에 있어 중단 권공과 전시식(奠施食)은 그 좋은 예의 하나이다.

그리고 다음 단계로 봉송 의례가 행해지는데 그 앞 단계까지의 구조를 정리해 보면 상단 권공 의례만으로 부처와 보살을 봉청하여 공양 정례, 도량 청정, 참회, 발원하는 서분, 영가에게 법문을 베풀며 그 공덕을 영가에게 회향하는 정종분(正宗分), 다시 회향하고 보은의 정례를 마친 다음 부처와 보살을 봉송하는 유통분(流通分)의 절차를 거치게 된다. 이것으로도 영가 천도 의례의 의의를 충분히 지니게 된다.

이같은 의식이 형상화되고 민간 신앙과 습합하는 과정에서 다른 요소들이 삽입되었다. 상단 권공의 제1단계인 서분의 전반에 시련, 대령, 관욕, 신중 작법 등이 삽입되고 제2단계인 정종분의 후반에 시식, 전시식 등이 삽입되어 제1단계와 제2단계를 이룬다. 이어 제3단계로 대승 불교로서의 서원으로 보회향(普廻向)을 하고 부처와 보살의 호념(護念)으로 재회(齋會)를 엄수하게 된 데 대한 보은의 정례를 한 다음 봉송하고 끝낸다. 이상에서 불교 의식의 3단계 구조를 살펴보았는데 이는 묘하게도 경전의 3단계 구조와 상응한다.

경전의 전통적인 구조를 보면 서분·정종분·유통분의 3단계로 되어 있음을 알 수 있다. 즉 서분에서는 경전의 연기(緣起)와 설하고자 하는 교설(敎說)에 존중의 마음을 일으키고, 정종분에서는 그 경전에 있어 설하고자 하는 경전의 핵심을 서술하며, 유통분에서는 교설을 유포시키기 위하여 그 공덕과 제천의 가호(加護)를 서술하고 있다.

앞에서도 말했듯이 애당초에는 불교 의식이 자득 자수의 수행 의례였으나 기원, 회향, 추선 공양이라고 하는 교리의 변천과 더불어 불교가 민간에 정착하게 된다. 그러면서 부처와 보살을 도량에 봉청하여 공덕을 쌓아 회향하고 봉송하게 되는 타행 의식으로 발전함에 있어 민간 신앙을 많이 수용하였으나 그 신앙 체계는 경전 구조의 3단계 양식을 취해 불교 의식으로서의 성격을 지니게 되었다고 할 수 있다.

불교 의식 용구와 불교 공예

불교 의식 용구의 발생

원래 불교는 구상적(具像的)인 숭배 대상을 부정하는 것으로부터 출발하였다. 교리가 변천하면서 구상적인 숭배의 대상을 수행의 장소에 모셔 오는 시련 등의 의례 행위를 낳게 되었다.

처음에는 불교 의식 행위가 스스로 수행하고 스스로 터득하는 [自修自得] 단계에 있었다. 그러나 그 수행 의례에 공덕을 인정하고 모두 함께 수행하는[自他共修] 형식을 취하는 단계를 거쳐 이윽고 그 공덕을 다른 사람에게 회향한다는 교리적 모티브를 바탕으로 하여 구체적인 타행 의식(他行儀式)의 성립을 보게 되었다.

그런데 이러한 과정을 거쳐 성립된 타행적인 불교 의식은 종교적 주체와 객체와의 상호 체계 위에 인간의 부처와 보살에 대한 심정과 그에 따른 행위와의 구체적이고 조직적인 표현으로 나타난다. 여기에는 불상과 불화 등을 신앙의 대상으로 하는 각종 의식 용구의 종합적 기능이 필요하다는 데 주의를 기울여야 한다. 왜냐하면 타행적인 불교 의식의 실제적인 면은 객체인 부처와 보살을 대상으로 하는 예배와 찬탄, 참회 등과 음식물, 향화(香花) 등의 제물을 올리고 기원하는 바를 적은 발원문의 낭독이 있게 되는데 여기에 다음과 같은 구체적 사항들이 따르게 되기 때문이다.

불교 의식의 선행 조건

앞에서 말한 불교 의식 절차를 좀더 구체적으로 전개해 보면 인간의 부처와 보살에 대한 봉사의 심정과 태도 행위에 따른 의(衣)·식(食)·주(住)의 세 가지에 의해서 의식 행위가 행해진다.

의 가사 등의 법의에 의한 위의(威儀)를 필요로 하게 된다. 이때의 가사는 제작한 뒤 점안(点眼)을 거쳐 정대 의식(頂戴儀式)을 행하고 그 가사를 준 의식승(儀式僧)이 의식 행위를 행한다. 그럼으로써 의식 공간이 의장된다.

식 육법 공양(향·등·꽃·차·과일·쌀) 등의 공양물과 그를 수용하는 용기를 필요로 하게 된다. 그리고 여기에는 헌화·헌향·기도문의 상주(上奏)·예배 등이 따르고 음악과 무용 등으로 의식 공간이 의장된다.

주 정연한 가람 배치를 갖춘 불전을 중심으로 하는 전각은 단청으로 의장되고 여기에 불상과 불화 등을 봉안한 환경은 부처와 보살의 이상 세계를 상징하게 된다.

그런데 의·식·주는 모두가 불교 의식의 선행 조건이다. 실제 의례의 실행은 신앙 대상을 모셔 오고 보내는 의식·예배·찬탄과 음악·무용·기도문의 상주 등이 주가 된다. 여기에 각종 불교 의식 용구가 수반되어 의식 공간을 더욱 장엄하게 하는 효과를 주며 이상과 같은 불교 의식의 의례 행위는 부처와 보살에 대한 구제의 감정이며 환희·희열·자비·감사의 감정으로 표현된다.

불교 미술품과 의식 용구

지금까지 살펴본 바에 의하면 불교란 원래 내재적이고 초월적인 종교로 현상이나 모습이 있는 것이 아니나, 부처의 자비가 근본지(根本智 : 분별을 여의고 일체 현상의 본질이 평등하여 차별이 없음을 아는 지혜)를 주체로 하여 인연에 따라 형체가 있는 것을 나타내게 되었다.

이를 오늘날의 개념으로 보면 불교 미술 등의 유형적인 것과 불교 음악과 무용 등의 무형적인 것 그리고 불교적인 내용의 문학, 전각을 장식하는 단청 등이라 할 수 있다. 이러한 것들이 모두가 불교 의식의 소산이라는 점이 흥미를 끌게 한다.

그렇다면 오늘에 전하는 유형의 문화 유산은 모두가 의식에 사용되는 장식 용구라 할 수 있지만 이는 다시 불상과 불화 등의 의식 대상과 그를 수용하는 전각 등 정적인 것과 동적인 의식 용구로 나뉜다. 그리고 정적인 것을 대상으로 하여 종교적 대상과 하나가 되는 상징 작용을 하는 데에는 동적인 의식 용구가 필요하다.

그런데 여기서 주목되는 것은 동적인 의식 용구의 작용력에 의하여 정적인 신앙의 대상에서 환희와 희열, 자비와 감사의 감정이 일어나며 종교적 이상 세계를 눈앞에 나타내 준다는 데서 의식 용구의 예술사적 위상을 살필 수 있다는 점이다.

앞에서 말했던 능행도의 의식 용구와 불교 의식 가운데 하나인 시련 의식 행렬의 의식 용구가 거의 같으며, 사찰 단청과 궁궐 단청도 구분이 안 될 정도로 거의 그 문양 구조가 같은 것 등이 그와 같은 것이다. 전통적인 불교 의식의 문화적 작용은 배불 사회(排佛社會)인 조선시대의 유교적인 의례와도 궤를 같이하고 있다.

정적인 숭배 대상으로서의 불교 미술품과 그에서 응답을 얻기 위해 작용력을 행사하는 의식 용구의 상관 관계를 통하여 그 종합적 문화 역량을 이해해야 한다. 불교 의식의 본질적 의미는 보살이 위로는 자기를 위하여 부처의 지혜를 구하고[自利], 아래로는 중생을 교화하는[利他] 것이다. 즉 범부(凡夫)는 부처와 보살에 가까워지려 하고 원리적 존재로서의 불법은 범부를 위하여 인간 세계에 가시적 형상을 갖는 여러 가지 불격으로 나타나는 불범(佛凡)의 상관 관계를 나타내고 있는 것이라 하겠다.

여기서 범부와 불법이 만나는 자리가 어디냐에 따라 그 불격은 여래일 수도 있고, 보살일 수도 있다. 뿐만 아니라 경우에 따라서는 천부중(天部衆)일 수도 있다. 한편 같은 여래일지라도 석가모니불·아미타불·약사불·미륵불·비로자나불 등으로 달라질 수 있고 이들이 공존할 수도 있다. 보살의 경우도 마찬가지로 관음보살·지장보살·미륵보살·보현보살 등으로 달라진다.

그것은 그 시대 사회 구성원들의 인연 성숙이 어떻게 되어 있었느냐에 따라 달라진다. 이를 달리 말하면 당시의 사회적·불교적 문화 역량이 어떤 것이었느냐에 따라 다르게 나타난다는 것이다.

우리는 이상(理想)을 신앙의 대상으로 삼고 불상을 조각하거나 불화를 그리기도 한다. 그러나 이와 같은 불격은 언제나 유동적이다. 서로 가까워지려는 노력이 어떤 것이냐에 따라 불격도 달라지고 그 불격을 나타내는 양식도 달라진다.

불교 의식 용구의 구성 체계

불교 의식 용구는 부처와 범부가 서로 만나려 노력할 때 그것이 가능하도록 도움을 주는 종교적 기능을 하게 된다. 이 둘이 만난 지점과 만난 결과만을 놓고 보면 이는 불상이나 불화 등의 정적인 신앙의 대상이 되고 한편 만나고자 계속 노력하는 작용력을 우리는 의식 용구의 장식에서 살필 수 있게 된다.

부처와 범부가 만나고자 하는 작용력은 언제나 유동적이지만 작용력을 행사하게 하는 의식 용구 그 자체는 고정적인 것이다. 물론 그 행사 의식과 양식의 변화는 유동적이다. 그리하여 불상이나 불화가 정적인 개념으로 인식되는 것이라면 의식 용구는 동적인 개념으로 인식되어야 한다.

다른 한편 오늘에 전하는 조선 후기의 의식 용구를 중심으로 그를 행한 불교 의식의 작용력이 어떠한 것이었나를 살펴보자. 원래 부처와 범부가 만나고자 하는 원초적 양식은 스스로 수행하여 스스로 터득하는 것(소승 불교)이었으나 후세가 되면 수행에 공덕을 인정하여 상구보리 하화중생 등에서 볼 수 있는 모두 함께 수행하는 (대승 불교) 양식이 된다.

조선 후기의 불교 의식 용구에서 보면 수행의 공덕을 다른 사람에게 회향한다는 의미가 강조되고 있다. 그러면서 원래 구상적인 것을 부정하는 데서 출발한 불교가 가시적인 불격을 양식화하고, 가시화된 불격을 의식 도량에 모셔 오고 보내 드리는 구체적인 양식으로 표현하게 되었다.

조선 후기에 자주 사용되었던 불교 의식 용구는 다음과 같은 유형으로 구분된다.

첫째, 부처와 보살을 의식 도량에 모셔 오고 보내 드리는 시련 등의 행렬에 가마·나팔·산개·각종 번(幡)과 봉(棒) 등이 필요하다.

둘째, 부처와 보살을 의식 도량에 청하여 공경과 찬탄을 바치는 동시에 참회하고 발원하는 데 종·요령·북·굉쇠 등과 정병·등잔·촛대 등의 공양 도구가 필요하게 된다.

셋째, 의식을 행하는 의식승이 수행을 하거나 위의를 갖추는 데 필요한 신앙 생활 용구로 가사·장삼·발우 등과 그에 따른 각종 의기(儀器) 등이 필요하게 된다.

이러한 세 유형의 상호 관계는 상구보리 하화중생한다는 대승 불교의 교리 체계를 반영하고 있으나 그 양면이 어떻게 조화를 이루느냐에 따라 그 작용력의 의미가 달라지는 것임을 알 수 있다. 그리고 이와 같은 불교 의식 용구의 양식적 변천과 작용력의 변천이 불교 미술의 양식 변천과 관계가 있는 것으로 생각된다.

어떻든 오늘에 전하는 불교 문화 유산은 모두가 신앙 생활과 직결되어 있으며 모두가 불교 의식과 의례의 소산이라는 점을 잊어서는 안 된다. 그리고 이들 의식과 의례의 독특한 표현 형식이나 방식이 불교 문화의 양식을 규정하게 된다는 사실을 주목해야만 된다.

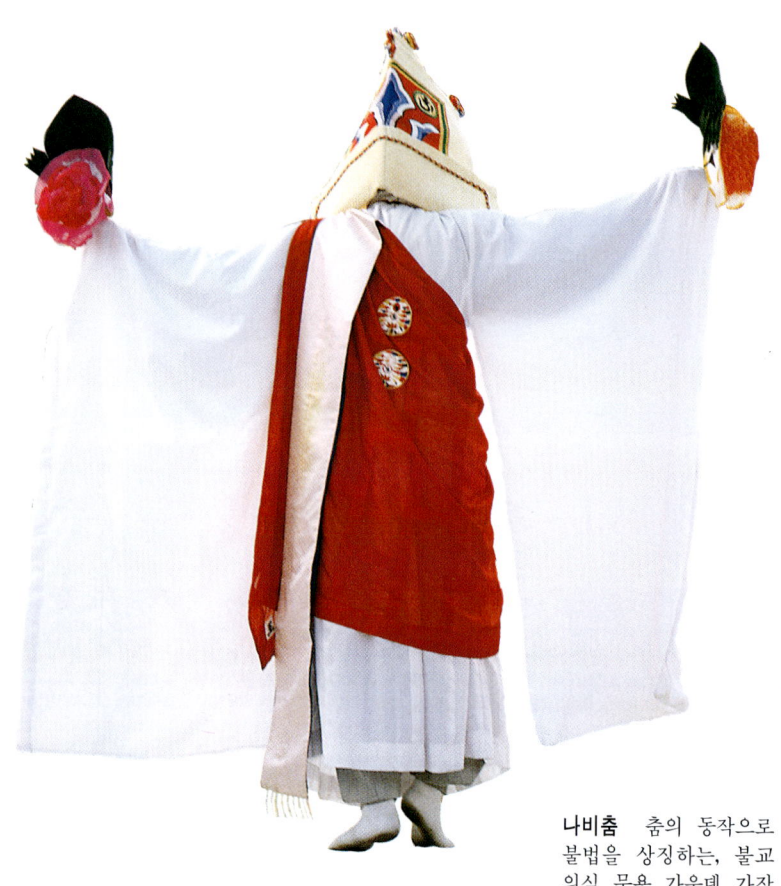

나비춤 춤의 동작으로 불법을 상징하는, 불교 의식 무용 가운데 가장 중요한 춤이라고 할 수 있다.

　불교 예술은 불교 교리 그대로 연기(緣起)의 소산(所産)이다. 따라서 상호 의존적인 관계에서 규명되어야 하며 종합적 이해가 필요하다. 그런데 불교 의식 용구는 불교 문화의 상호 의존 관계에서 더욱 다양하게 전개되는 한편 이를 하나의 체계로 일원화시키는 기능을 다하고 있다는 데 주의를 기울여야 한다. 예컨대 불교 의식 용구는 재료 면에서 보면 금속·나무·종이·섬유 등 가능한 모든 재료를 다 사용하여 의식에 필요한 용구를 만들고 있다. 또한 그 용도에 따라 음악·무용·회화·장식 등 다양한 형식으로 시공을 넘나들며 정연한 조화의 체계를 이루고 있는 것 등이 그와 같은 것이다.

앞에서 살핀 바에 의하면 불교 의식 용구는 불교 미술의 한 분야인 불교 공예품에 지나지 않는다. 그러나 이들 불교 의식 용구는 중생의 세속 세계를 부처와 보살의 이상 세계로 장엄하는 불교 의식에 사용되어 모든 불교 미술품을 정적인 것에서 동적인 것으로, 평면적인 것에서 입체적인 것으로, 공간적인 것에서 시간적인 것으로 감지하게 한다는 특징을 지닌다.

불교 의식 용구가 세속을 극락 정토로 만드는 상징이라는 강한 신앙심을 바탕으로 정성을 다하여 제작한 의식 용구는 그 양식이 정교하고, 의식적 기능을 수행하는 데 최고의 기능을 다할 수 있도록 되어 있다는 사실에도 주목해야만 한다. 이런 까닭으로 인하여 전하는 의식 용구는 거의 타행 의식의 용구이며, 타행 의식의 거행은 그 사회의 최고의 문화 능력으로 신앙의 대상에 봉사한다는 의미를 지니고 있다.

전통적인 불교 문화는 정연한 체계로 배치된 가람과 그에 수용된 불상 등의 조각품, 각종 탱화와 벽화 등의 불교 회화류로 이루어지고 있다. 이들은 모두가 불교 의식을 통해 생동감을 얻는데 불교 의식은 각종 의식 용구에 의해서 행해진다. 다른 한편 건축·조각·회화·의식 용구 등의 불교 문화는 각기 다르지만 서로간의 절충과 조절을 통하여 나타나는 문화 복합체라는 사실에 주목해야 하며 그 조절 기능을 다함으로써 불교 의식의 종합적 의미를 파악할 수 있다.

불교 의식 용구

유형 구조

불교 의식 용구는 불교적 신앙 생활을 영위하는 데 필요한 신앙 생활 용구이다. 그러므로 여기에 사용되는 용구는 일상적인 생활 용구와는 다른 개념으로 접근해야 한다

불교 신앙 생활은 부처와 보살께 공양과 예배를 드리고 찬탄, 참회하고 발원하여 그로부터 구제의 회답을 얻으려 하는 것이다. 이러한 신앙 행위에는 각종 용구가 필요하게 되며, 이 의식 용구를 사용한 신앙 행위를 불교 의식이라 한다.

불교 의식은 스스로 행하여 구제를 받고자 하는 출가자에 의한 자행 의식(自行儀式)과 재가자가 출가자에게 의뢰하여 행하고 그 공덕을 돌려 받아 구제를 받고자 하는 타행 의식(他行儀式)으로 구분된다. 자행 의식을 행하는 것을 '상구보리'라 하고 타행 의식을 행하는 것을 '하화중생'이라고 한다. 그리고 이 두 가지를 다같이 행하는 것을 '보살행'이라고 한다.

그러므로 불교 의식 용구도 자행 의식 용구와 타행 의식 용구로

구분된다.

자행 의식 용구로는 출가자의 수행 생활에 필요한 가사, 장삼, 발우, 석장 등이 있다. 타행 의식 용구는 시련 의식 용구와 공양 용구로 세분된다. 시련 의식에는 부처와 보살을 의식 도량에 모셔 와서 보내 드리는 데 필요한 가마와 행렬에 필요한 나팔, 각종 번 및 기치류가 있다. 공양 용구로는 모셔 온 부처와 보살께 공양하는 데 필요한 각종 공양구와 불교 음악기 및 의식 무용에 필요한 의상, 그리고 의식을 행하는 취지와 발원문을 낭독하고 그를 불전에 올리는 데 필요한 소통 등이 있다.

요컨대 불교 의식 용구는 스스로의 향상을 구하는 자행 의식과 그로부터 얻은 수행력을 바탕으로 타행 의식을 행하는 데 필요한 것이다. 그러므로 불교 의식 용구는 중생 구제를 목표로 한 대승 불교 사상에 그 바탕을 두고 있다고 하겠다.

시련 의식 용구

시련 의식 용구는 신앙의 대상인 부처와 보살, 구제를 받아야 될 영가 등을 가마에 모시고 여러 가지 위의를 갖추어 법회 장소까지 행렬을 지어 오는 의식에 필요한 용구들이다.

자행 의식에서 보면 원래 불교에서 말하는 부처와 보살이란 구상적인 것이 아니고 마음 자리 자체를 말하는 것이어서 오고 가는 행렬 의식을 필요로 하지는 않는다. 반면에 중생 구제를 목표로 하는 타행 의식에서 보면 중생은 부처와 보살을 구상적인 것으로 인식하고 있으므로 부득이 방편상 일시적으로 부처와 보살 내지 영가 등을 구상적인 것으로 가상하여 이들을 모셔 오고 보내는 의식을 행하게 된다. 따라서 이 의식 공간을 보다 장엄하게 장식하기 위하여 각종 시련 의식 용구가 필요하게 되는 것이다.

가마〔輦〕

연은 속세에서는 임금이 주로 탔으며 일반인들에게는 혼례와 장례 때만 예외적으로 허용되는 등 제한이 있었다. 그러므로 가마를 사용한다는 것 자체에 의미를 부여하였다.

불교에서는 재 의식(齋儀式)에서 사용된다. 이를 시련이라고 하는데 절 문 밖까지 가마를 메고 나가 신앙의 대상과 재를 받을 대상을 도량으로 모셔 오는 것이다. 상단 시련(上壇侍輦)·중단 시련(中壇侍輦)·하단 시련(下壇侍輦)이 있었으나 지금은 주로 하단 시련만이 행해지고 있다.

가마 임금이 사용하던 가마와 형태가 비슷하며 전체적으로 집 모양으로 생겼다. 앞뒤에서 네 사람이 가마채를 잡고 들거나 끈으로 매어서 운반하게 되어 있다. 높이 127센티미터, 폭 62×62센티미터, 길이 270센티미터, 대좌 폭 67×67센티미터.

가마의 장엄구 가마의 좌우 옆에는 구슬을 꿰어 꾸민 주
렴이나 끝을 삼각형으로 모은 차면(遮面)을 달아서 장엄한
다. 주렴 길이 센티미터(아래), 매듭 길이 64센티미터(오
른쪽), 차면 51×53센티미터(맨아래 왼쪽)・51×57센티미
터(맨아래 오른쪽).

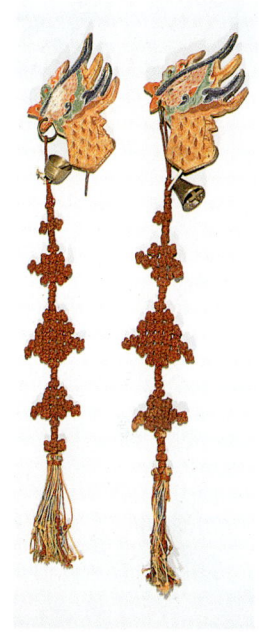

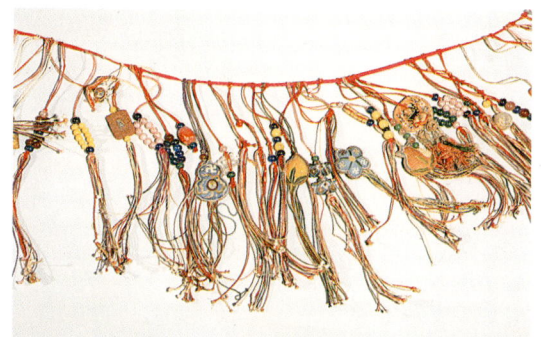

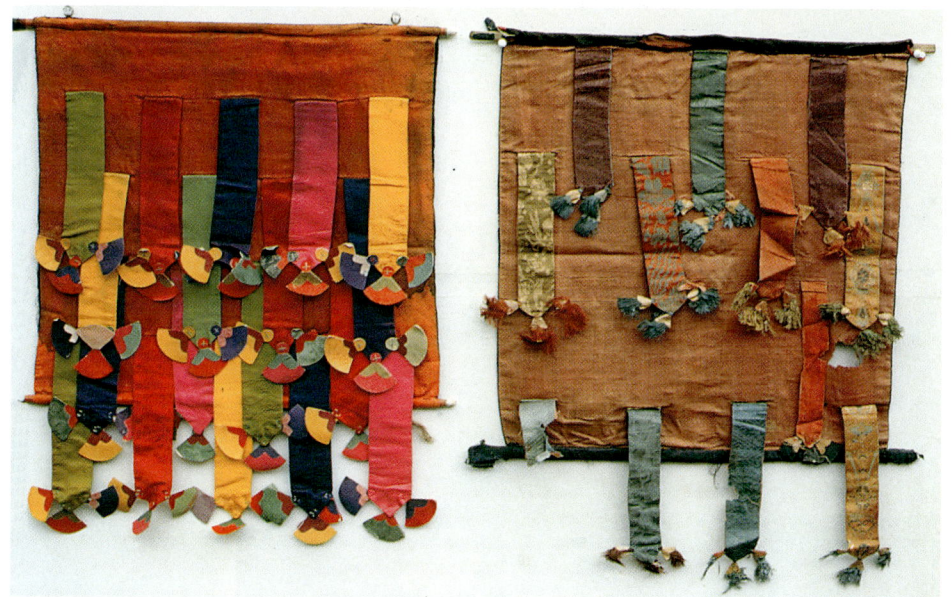

가마의 형태는 임금이 사용하던 것과 유사하며 전체적으로 조그만 집 모양으로 생겼다. 안에 사람이 앉을 수 있는 공간이 있고 앞 뒤에서 네 사람이 가마채를 손으로 들거나 끈으로 매어서 운반하게 되어 있다. 가마 뚜껑은 둥글고 장식적이며 좌우와 옆에 구슬을 꿰어 꾸민 주렴이나 끝을 삼각형으로 모은 작은 조각천을 달아서 장엄하기도 한다.

산개(傘蓋)

부처와 보살의 위덕을 나타내는 장엄구 중에 산개, 보개(寶蓋), 화개(華蓋), 천개(天蓋)와 같은 것이 있다.

천개는 원래 고대 인도에서 햇빛이나 비를 막기 위한 우산에서 출발하여 귀인의 상징으로 사용되다가 점차 부처와 보살상의 머리

산개와 산개대 현재의 우산 형태와 유사하며 햇빛이나 비를 막아 주는 용도에서 불상과 보살상의 머리 위를 장엄하거나 사원의 천장 장식물로 그 쓰임새가 바뀌었다. 산개 지름 83센티미터(아래), 왼쪽 산개대 길이 252센티미터, 가운데 158센티미터, 오른쪽 길이 252센티미터(오른쪽).

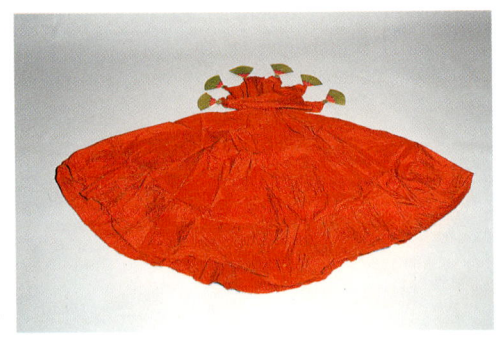

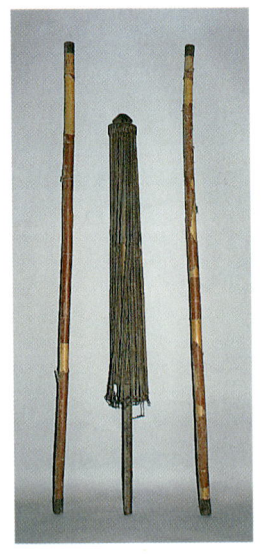

위를 장엄하거나 사원의 천장을 장식하는 장식물로 변했다.

산개 안쪽 산(傘)의 형태를 구성하는 것은 목재이고, 표면을 감싸서 해를 가려 주는 것은 주로 직물로 만드는 것이 일반적인 제작 방법이다.

형태는 산을 지탱하는 가지의 수를 몇 개로 하느냐에 따라 4각, 6각, 8각, 원형 등 여러 가지가 있으나 전체적으로는 현재의 우산이나 양산의 형태와 유사하다.

번(幡)

번은 부처와 보살의 위덕과 무량한 공덕을 나타내는 것으로 깃발과 비슷한 형태를 하고 있다. 불전을 장엄하기 위하여 불전 내의 기둥이나 법회가 진행될 때 당간(幢竿)에 매달아 뜰 가운데 세우거나 혹은 천개나 탑의 상륜부에 매달아 높은 곳에서 나부껴 사람들을 불교에 귀의하게 하는 효능을 지닌다.

현재 남아 있는 유물은 조선 후기의 직물제가 대부분인데, 중국에서 제작된 일반적인 번의 형태보다 간략화되면서 한국적인 조형감이 추가된 것이 특징이다.

즉 번신(幡身)은 상하가 긴 직사각형이고 번두(幡頭)는 이등변 삼각형이 변형되어 꼭지점 부분의 모서리가 모죽임되어 번신까지 내려왔다. 그리고 번수(幡手)와 번미(幡尾)는 간략화되어 번신과 분리되지 않으며 마치 선(線)을 돌린 것처럼 되어 있다.

전체적으로 단순하면서도 세부 표현에는 한국적인 장식성이 가미된 것이 특징이다. 번두는 검은 색으로 처리하며 그 위에 오색천으로 깁고 오색실로 수놓은 복장 주머니 두 개가 매달려 있다.

인로왕번(引路王幡) 인로왕번은 죽은 사람의 영혼을 극락 세계로 인도하기 위해 맞으러 오는 인로왕보살을 의식 장소에 모신다는 상징으로 사용한다.

　전체적으로 한국적인 번의 형식을 준수하고 있으며, 폭이 40~50 센티미터에 길이는 190~250센티미터이다. 검은색 변형 이등변 삼각형 번두에는 두 개의 오색 다라니 주머니가 매달려 있고 번신과

나무대성인로왕보살번　이 번은 죽은 사람의 영혼을 극락 세계로 인도하기 위해 맞으러 오는 인로왕보살을 의식 장소에 모신다는 상징으로 사용한다. 번신과 번수의 색상 대비가 강하며 번미에는 연화가 수놓여 있고 번신의 좌우에는 오색 방석 매듭이 일렬로 매달려 있다. 198×56센티미터(오른쪽), 167×42 센티미터(아래).

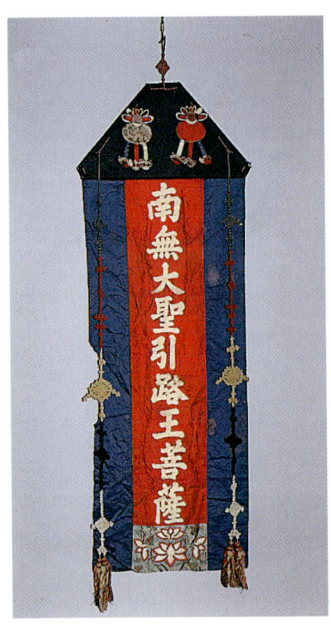

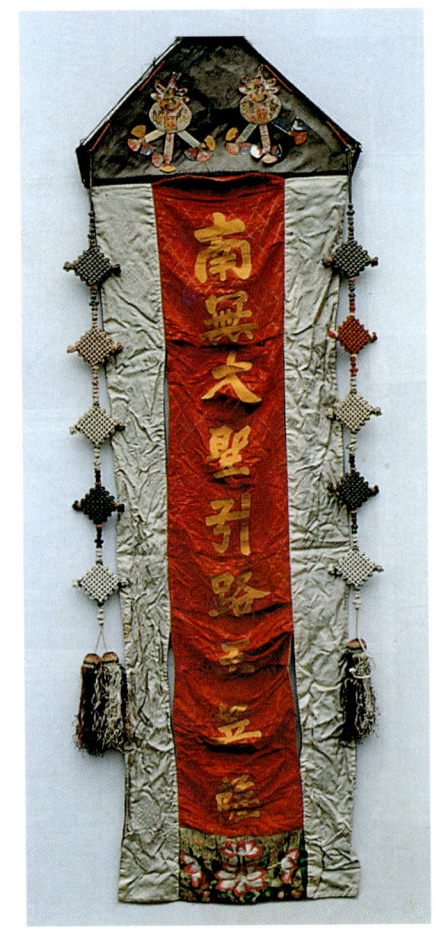

번수의 색상 대비가 강하며 번미에는 연화가 수놓여 있다. 번신의 좌우에는 각각 1개씩 오색 방석 매듭이 일렬로 매달려 있다.

한국의 번에는 몇 가지 미묘한 미적 특질이 보인다. 전체적으로는 기본 형태가 지닌 정적인 평면성에 복장 주머니나 매듭과 같은 부조물들을 부가함으로써 동적인 입체로 이끌어 가고 있는 것이 그 하나이다.

또 번신에 사용된 오방색(五方色 : 동·서·남·북·중앙 등 다섯 방향을 의미하는 청·백·적·흑·황색을 말한다)과 절제된 번두의 검은색이 절묘하게 조화되어 있고, 번미에는 오정색(五正色)에 해당되는 녹색의 바탕천과 빨간 연꽃 문양으로 대비되어 있어 전체 색상이 지닌 장중함을 깨뜨리는 파격의 미를 연출하고 있다.

오방불번(五方佛幡) 방위에 따라 중앙의 비로자나불(毘盧遮那佛), 동방의 약사불(藥師佛), 서방의 아미타불(阿彌陀佛), 남방의 보생여래(寶生如來), 북방의 불공성취여래(不空成就如來)를 오불(五佛)이라 한다. 각 방위에 따라 여러 부처들이 출현하는 이유는 세계는 무수하고 시방(十方)에 편재해 있으므로 각각의 인연에 따라 동시에 출현하기 때문이라 한다.

『아미타경(阿彌陀經)』에 의하면 아미타불은 서방 극락 세계에 현존하며,『약사여래본원경(藥師如來本願經)』에서는 동방 유리광 세계에 약사불이 있다고 하는데 이러한 사상이 바탕이 되어 각각의 방위를 주재하는 오방불 사상이 성립되었을 것이다.

중방 비로자나불번(中方毘盧遮那佛幡)은 전체적으로 한국의 전형적인 번 형식을 고수하고 있다. 오방 중에서 중앙을 상징하는 황색 바탕의 번신에 '나무중방화엄세계비로자나불(南無中方華嚴世界毘盧遮那佛)'이라는 글자가 붉은 색실로 수놓여 있어서 전통적인 오방색에 의해 상징화되었음을 알 수 있다.

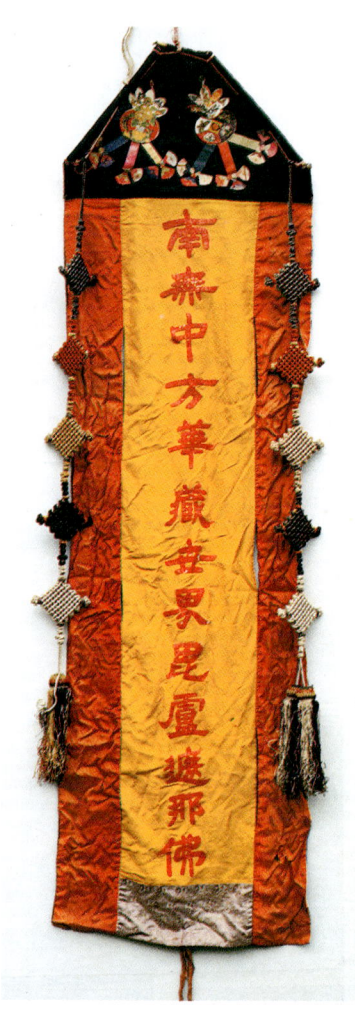
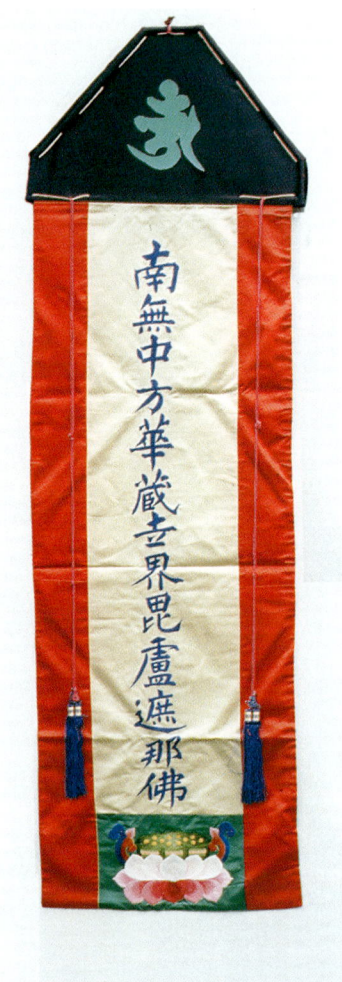

나무중방화장세계비로자나불번　오방 중에서 중앙을 상징하는 황색 바탕에 붉은 색실로 글자가 수놓여 있다. 검은색의 번두에 오색 다라니가 매달리고 붉은색의 번수에는 오색 방석 매듭이 좌우에 1개씩 매달리는 전통적인 형식을 고수하고 있다. 197×53센티미터(왼쪽). 오른쪽의 번은 명문의 색깔이나 번미에 연꽃이 강조된 것 등으로 보아 전통적인 형식에서 멀어진 것임을 알 수 있다. 192×55센티미터.

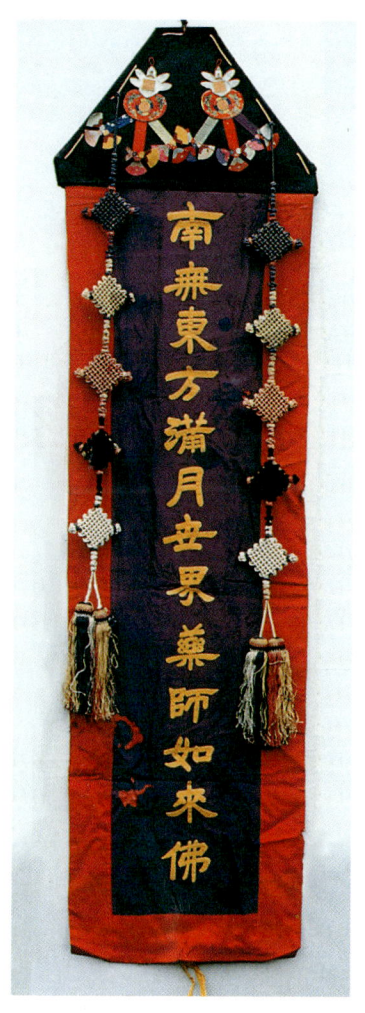
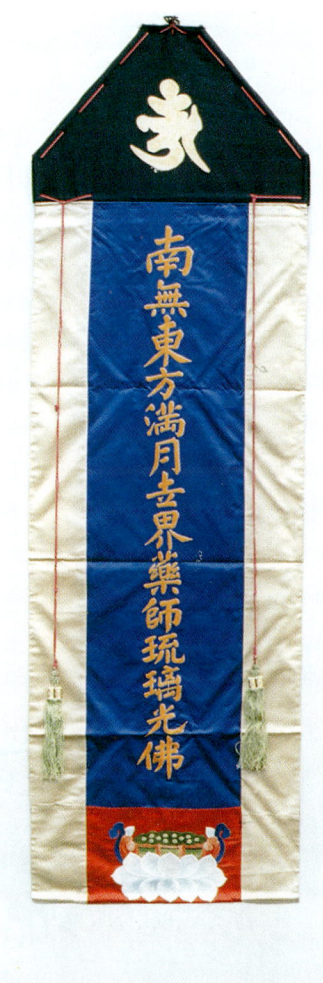

나무동방만월세계약사여래불번 전형적인 번 형식을 따르고 있다. 동방을 상징하는 자주색으로 번신의 바탕을 삼고 명문은 황색으로 수놓았다. 204×53센티미터(왼쪽).

나무동방만월세계약사유리광불번 번은 시간이 흐를수록 모양과 장식 등이 간략하게 처리되어 단순화하기도 했지만 번미에는 화려한 색감의 연꽃을 수놓아 이같은 단순성을 보완하고자 했다. 192×59센티미터(오른쪽).

그런데 시대가 내려가면 흰색 바탕에 청색이 수놓이고 있어 원래의 전통에서 멀어진 것을 알 수 있다. 검은색의 번두에 오색 다라니가 매달리고, 적색의 번수에는 오방색으로 엮은 다섯 개의 매듭이 좌우에 각각 1개씩 일렬로 매달리는 전통적인 형식을 고수하고 있다.

동방 약사여래불번(東方藥師如來佛幡) 또한 전형적인 번 형식을 따르고 있으며, 동방을 상징하는 청색(혹은 자주색)으로 번신의 바탕을 삼고 명문은 황색으로 수놓았다.

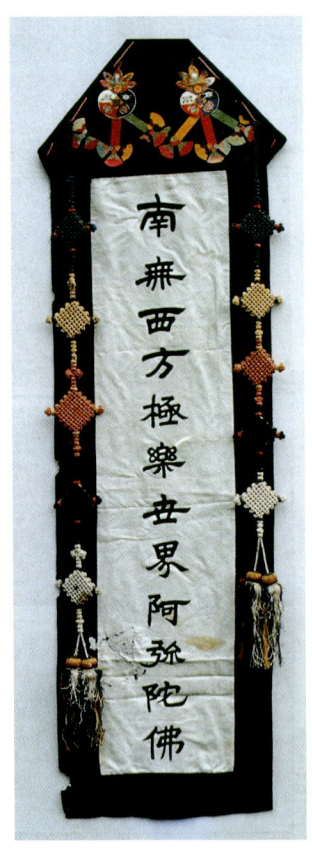

시대가 올라가는 전통적인 번의 경우 번두와 번수에 오색 매듭을 늘어뜨렸으나, 시대가 내려가면 간략화되어 단지 범자(梵字)만을 수놓게 되고 매듭은 없어지고 봉술만 달리게 된다. 전체적으로 형태는 단순해지는 반면 번신과 대비되는 붉은 바탕에 화려한 연꽃을 수놓아서 번미를 강조하는 경향이 있다.

아미타불은 고통이 전혀 없는 서방의 극락 세계를 주재하는 부처로서 염불 수행을 통해서도 극락 왕생이 가능하다고 믿었기 때문에 왕실에서

나무서방극락세계아미타불번 한국적인 번의 형식에다 서방을 상징하는 흰색 바탕천에 검정색으로 명문을 수놓았다. 195×53센티미터.

민간에 이르기까지 우리나라에서는 그 어떤 부처보다도 신앙의 대상으로 삼는 경우가 많다.

아미타불번은 한국적 번의 형식을 준수함과 동시에 서방을 상징하는 흰 바탕천에 검정색으로 '나무서방극락세계아미타불(南無西方

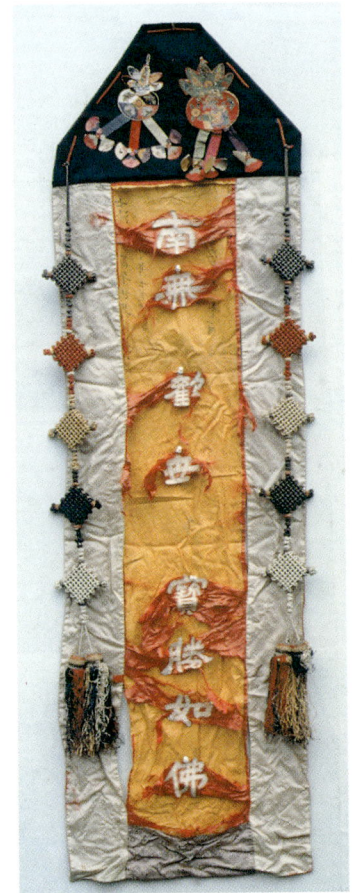

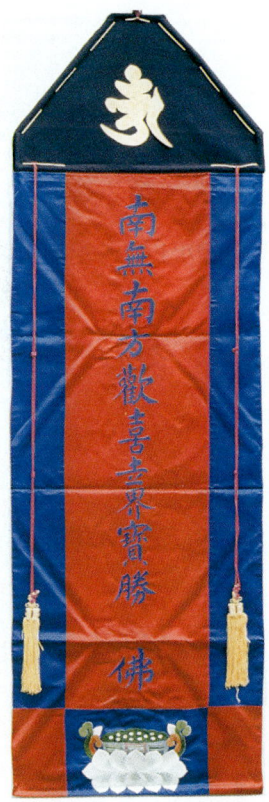

나무남방환희세계보승여래불번 남방에 모시는 보승불을 상징한다. 남쪽 방향을 상징하는 붉은색 바탕천 위에 명문이 흰색 실로 수놓여 있다. 202×53센티미터(왼쪽).

나무남방환희세계보승불번 간략화된 번 형식에 번미의 연꽃 자수가 두드러지게 장식적으로 처리되어 있다. 189×60센티미터(오른쪽).

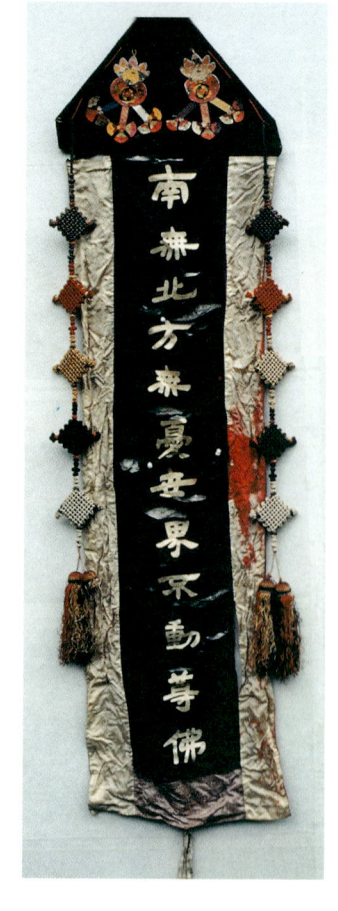

極樂世界阿彌陀佛)'이라는 명문이 수놓여 있다. 번두와 번수도 전형적인 예를 그대로 따르고 있다.

『금광명경(金光明經)』과 『관불삼매경(觀佛三昧經)』을 보면 남방에 보승불(寶勝佛 혹은 寶聖佛, 寶相佛, 寶生佛)을 모신다고 밝히고 있다.

남방 보성불번(南方寶聖佛幡)은 전체적인 형태와 세부 장식 등에서 한국적 번의 형식을 준수하고 있으며 남방을 상징하는 붉은색 바탕천 위에 '나무남방환희세계보승여래불(南無南方歡喜世界寶勝如來佛)'이라는 명문이 흰색 실이나 청색 실로 수놓여 있다.

번미의 경우 번신의 바탕색인 붉은 색과 대비를 이루는 자주색이나 녹색 그리고 청색 등이 사용되었다. 특히, 시대가 내려올수록 번미의 연꽃 자수가 두드러지게 장식되고 있다.

북방 부동존불번(北方不動尊佛幡)은 전체적으로 전형적인 한국의 번 형식을 준수하고 있다. 번신이 북방을 상징하는 검은색 바탕인 점이 다르다. 검은 바탕에 대비가 강한 흰색이나 황색으로 '나무북

방무우세계부동존불(南無北方無憂世界不動尊佛)'이라는 명문을 수
놓고 있다.

번수 부분의 바탕천은 흰색인데, 역시 시대가 내려가는 북방번의
경우 번미의 연화 자수가 두드러지게 장식적인 것이 특징이다.

깃발〔旗〕

시련 의식에는 여러 깃발들이 사용되어 의례를 장엄한다. 1개의 인
로왕보살번을 선두로 해서 2개의 청도기(靑道旗)와 2개의 영기(令旗),
2개의 순시기(巡視旗) 등을 가마 앞에 배열하여 신앙의 대상이나 재
를 받을 대상을 맞아들인다. 이때 전체 깃발의 배열과 순서 및 장엄의

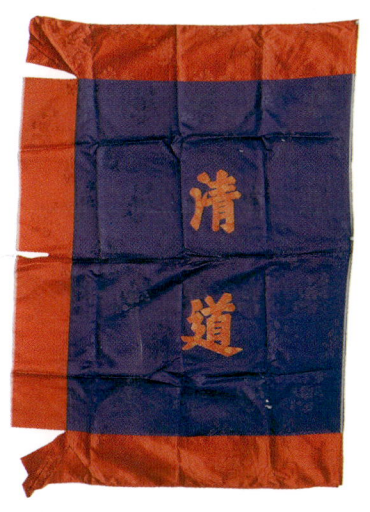 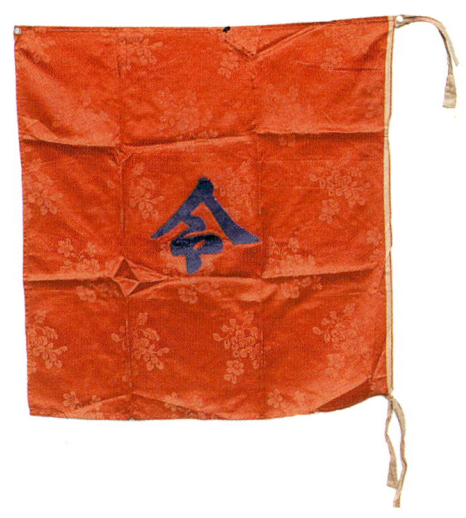

청도기 바탕천에 청도(淸道)라는 붉은 글자를 오려 붙였으며 테두리에 덧댄 붉은 천
은 3번 절개하였다. 132×90센티미터(왼쪽).

영기 붉은 바탕에 푸른 색의 글자를 오려 붙였다. 62×65센티미터(오른쪽).

의미 등은 왕실 행사의 장엄과 비슷하다.

시련 의식에서 맨 앞에 배치되는 인로왕보살은 죽은 이의 영혼을 접인(接引)하여 극락 세계로 인도하는 보살이라고 알려져 있다. 따라서 생전에 인로왕보살에게 들인 공덕으로 영가는 비로소 불법 도량에 들어올 수 있는 것이기 때문에 이러한 법회를 인도하기 위해 인로왕보살 깃발이 가장 먼저 들어온다. 그 밖에도 각 방위를 수호하는 신의 깃발이라든지, 법회 의식에 부처와 보살의 가피력이 내리기를 염원하기 위한 각종 깃발들이 도량의 분위기를 장엄하게 된다.

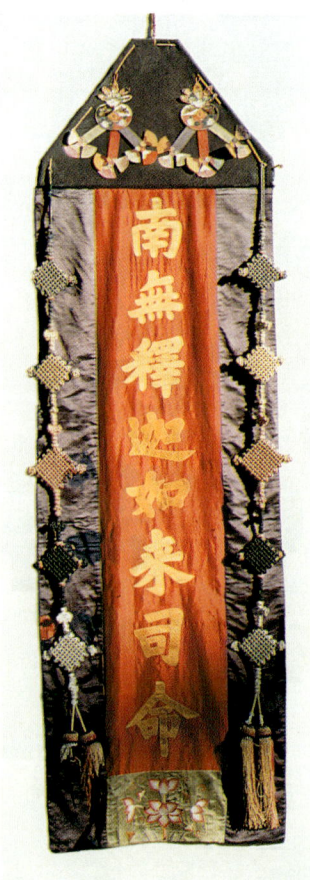

사명기(司命旗) 원래 사명기는 조선시대 군대의 각 영(營)에서 절도사나 통제사 등이 휘하에 있는 군대를 지휘할 때 쓰던 깃발로 사용되던 것이다. 민간에서는 무당들이 신이 내리기를 빌 때 쓰기도 했으며 불가에서는 영산재나 수륙재와 같은 대규모 법회 때 의식이 행해지는 사찰을 표시하거나 장엄한 분위기를

나무석가여래 사명기 붉은 바탕천에 황색 글씨가 있고 번신의 양쪽에 번수가 매달려 있다. 192×60센티미터.

연출하기 위해 사용했다.

군기(軍旗)에 사용될 경우 바탕천은 각 지역의 방위에 따라 그 상징하는 색깔이 청, 백, 적, 흑, 황 등으로 달라지며 각 진영의 이름을 사명 앞에 붙여서 'OO司命'이라고 큰 글씨로 써서 지휘관의 신분을 나타내었다. 불가에서도 이와 같은 세속의 의례를 받아들여 의식을 장엄한 것으로 생각된다.

나무석가여래 사명기는 전체적으로 한국적 번의 형식을 따르고 있으며, 군대나 왕실 의례에 사용되는 의장기의 형태와 다르다.

전체 형태는 이등변 삼각형의 번두 부분과 상하가 긴 장방형의 번신 양쪽에 번수가 매달려 있는 모습이다. 따라서 나무석가여래 사명기는 일반 사명기의 형태와 달리 번이라고 보아도 무방한 형태적 특성을 지니고 있으며, 번신의 붉은 바탕천에 황색 글씨로 '나무석가여래사명(南無釋迦如來司命)'이라고 수놓여 있다.

통도사 사명기(通度寺司命

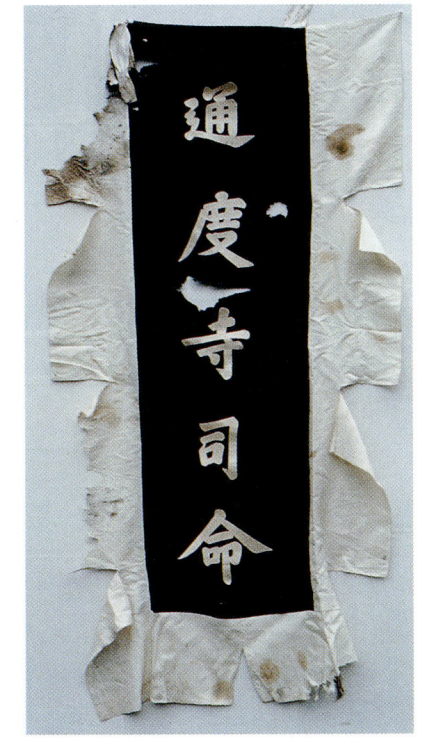

통도사 사명기 북방을 의미하는 검은 색 번신에 번수와 명문이 흰색으로 있다. 사명기의 바탕색은 사찰의 방위를 표시한다. 162×81센티미터.

旗)나 백양사 사명기(白楊寺司命旗)의 형태를 보면 군대나 왕실 등의 의례에 사용되는 의장기와 흡사하다. 조선시대 의궤도(儀軌圖)에 그려져 있는 의장기를 살펴보면 전체 형태는 번에서 볼 수 있는 이등변 삼각형의 번두 부분이 생략되었으며, 번신은 기본적으로 상하가 긴 장방형이고 번수에 해당되는 부분이 두세 번 절개되어 있는 형태이다.

통도사 사명기는 북방을 의미하는 검은색 번신 바탕에 흰색의 번수와 흰색의 '통도사사명(通度寺司命)'이라는 명문이 수놓여 있다. 그리고 통도사의 말사인 백양사 사명기는 남쪽을 상징하는 청색 번신에 적색의 '백양사사명(白楊寺司命)'이라는 명문이 수놓여 있으며 번수 역시 적색이다. 두 사명기의 예로 보아 사명기 바탕색은 사찰이 위치한 방위를 상징한다고 하겠다.

부채(扇)

불교 의식용 부채는 부처님을 모셔 오는 시련 행렬 때 사용된다. 전체적인 형태는 대나무와 목제류로 자루를 만들고 그 끝 부분에 좌우 대칭되는 둥근 형태로 제작하는데 철제로 테를 두른다. 부채의 양면은 붉은 비단을 배접하거나 붉은 칠을 한 다음 수를 놓거나 그림을 그려 넣는데 그려진 형상에 따라 이름이 다르다.

예를 들어 용이 그려지면 용선(龍扇), 봉황이 그려지면 봉선(鳳扇)이라 부른다. 일월선(日月扇)은 흰 달과 붉은 해가 자루를 사이에 두고 좌우로 대칭되게 그려진 것으로 해와 달을 꼬리가 긴 여의두형 구름이 아래에서 위쪽으로 떠받치고 있다. 봉황선은 전체적으로는 좌우 대칭이지만 형태가 조금 다르게 그려져 있다. 수컷인 봉과 암컷인 황을 상징적으로 나타낸 것으로 봉황의 위쪽 중앙에는 여의형 구름이 좌우로 뻗쳐 있다.

봉황선 수컷인 봉과 암컷인 황, 위쪽 중앙에는 여의형 구름이 좌우로 뻗쳐 있으며 전체적으로는 좌우 대칭이다. 길이 235센티미터, 부채 폭 41×57센티미터(왼쪽).

일월선 흰 달과 붉은 해를 꼬리가 긴 여의두형 구름이 아래에서 위쪽으로 떠받치는 그림이 목제 자루를 사이에 두고 좌우로 대칭되게 그려져 있다. 길이 237센티미터, 부채 폭 41×57센티미터(오른쪽).

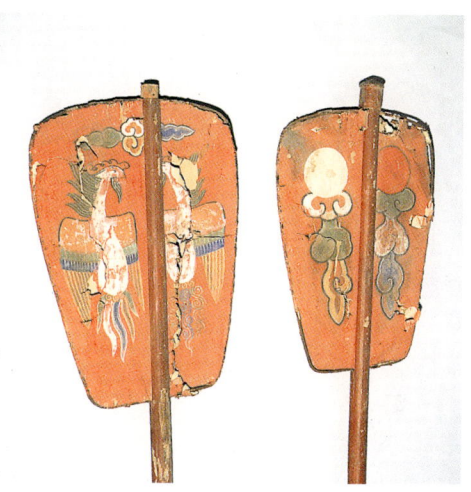

당(幢)

당은 절의 문 앞에 긴 장대(간주)를 세우고 그 끝에 용두의 모양을 만든 다음 깃발을 달아서 부처와 보살의 위신과 공덕을 표시하는 장엄구이다.

당번(幢幡)은 항상 달아 두는 것이 아니고 기도나 법회 등 의식이 있을 때만 불전이나 불당 앞에 세우는데 중생을 지휘하고 마군(魔軍)을 굴복시키기 위한 표시이다. 당은 긴 막대기에 여러 가지 비단을 단 것으로 원래는 각종 왕실 의례에서 왕을 따르는 호위병이나 장군이 병졸을 통솔할 때 사용했던 군기의 일종이다.

그러나 불교에 수용되면서 부처는 법왕(法王)이기 때문에 불교 의례에 적극 수용되어 모든 번뇌를 파괴한다고 하는 상징적인 의미를 담게 되었다. 보통 막대기의 끝이 용 머리 모양을 하고 있으면 여의두당(如意頭幢) 혹은 마니당(摩尼幢)이라고 한다. 우리나라에는

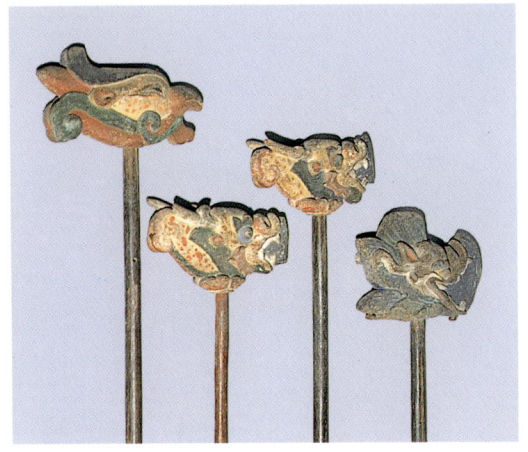

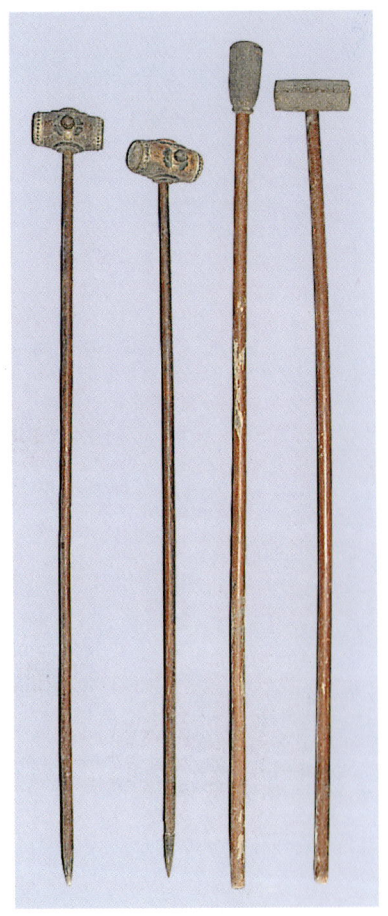

용두당 절의 문 앞에 긴 장대를 세우고 그 끝에 용두의
모양을 만든 다음 깃발을 달아서 부처와 보살의 위신과
공덕을 표시하였다. 막대기 끝이 용 머리 모양을 하고 있
으면 용두당이다. 길이 203~281센티미터, 용두 폭 34~38
센티미터, 용두 높이 14~19센티미터(위).

고두봉 막대기의 끝이 북 모양을 하고 있으면 고두봉(鼓
頭棒)이라고 한다(오른쪽). 길이 238센티미터 봉폭 20×13
센티미터, 길이 218센티미터, 봉폭 20×13센티미터, 길이
250센티미터, 봉폭 10×21센티미터, 길이 230센티미터, 봉
폭 20×13센티미터(순서는 왼쪽에서 오른쪽으로).

현재 당간 지주가 많이 남아 있어서 일찍부터 번으로 불전을 장엄
하였을 것으로 추정된다.

깃대 - 대독(大纛)

의례 때 깃대로 사용되는 의물(儀物) 가운데 하나이다. 깃대는 범
어로 Khadgah라 부르는 상징물인 지검(智劍) 혹은 금강검(金剛劍)

대둑 의례 때 깃대로 사용되는 의물 중 하나로 끝은 번뇌를 가르고 지덕을 표식하는 검을 형상화한 듯하다. 손잡이 자루의 길이에 따라 대둑과 소둑으로 나눈다. 길이 95~162센티미터(아래).

창 나무 손잡이에 뾰족한 날을 꽂아 대둑처럼 마군을 물리치고 번뇌를 가른다는 상징적 의미로 사용한다. 길이 281~282센티미터(오른쪽), 가운데는 부분.

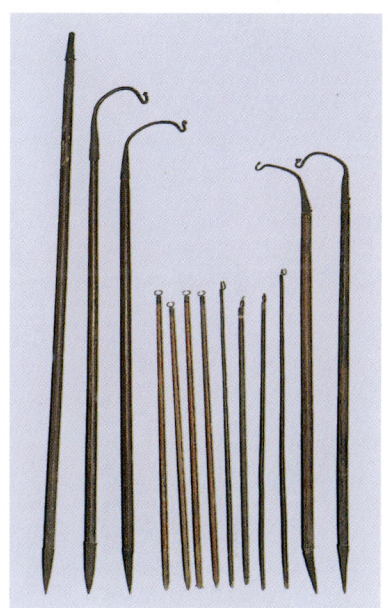

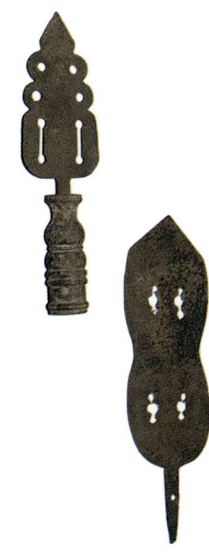

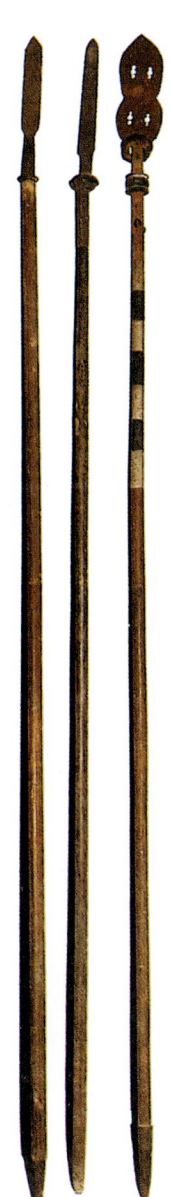

의 형태를 지니고 있는데 번뇌를 가르고 지덕을 표식하는 검을 형상화한 듯하다.

검에는 이검(理劍)과 보검(寶劍)의 두 종류가 있는데, 이검은 끝 부분이 뾰족하고 예리한 형태이며 보검은 보주(寶珠)처럼 둥글다. 이때의 이검은 마귀의 항복을 유도하기 때문에 항마검이라고 부르기도 한다.

왕실의 행사 등에 사용된 이와 같은 의물을 대둑이라고 부르며, 『악학궤범(藥學軌範)』에 의하면 정대업 정재(定大業呈才)에 사용되었다고 기재되어 있다.

자루의 길이에 따라 대둑과 소둑으로 나누어진다. 현재 통도사에 소장된 대둑은 조선시대 왕실 의례용 의물과 형태와 길이 등이 비슷하다. 그러나 문헌에 기재된 상모가 보이지 않는데 상모의 재질이 섬유여서 부식되었거나 삭아 없어졌을 가능성도 있다.

나발(喇叭)

나발은 금속으로 만든 관악기의 하나로 소리가 나는 관(管) 부분이 넓게 벌어져 있고 손잡이는 두세 도막으로 길게 구분되며 입에

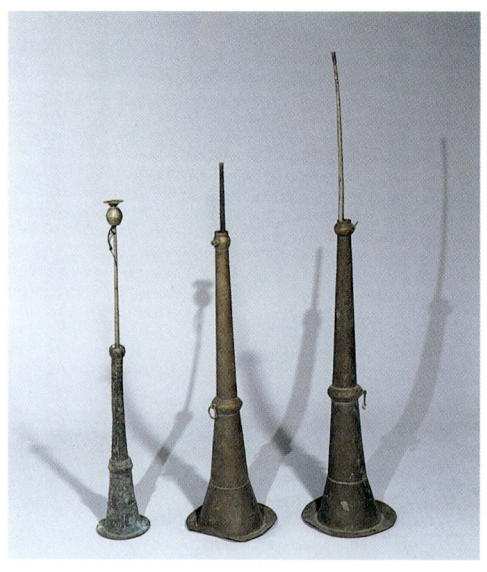

나발 소리가 나는 관 부분이 넓게 벌어져 있고 손잡이는 두세 도막으로 길게 구분되며, 입을 대고 부는 취부가 좁아지는 형태를 하고 있다. 길이 99센티미터, 입지름 직경 4센티미터(왼쪽), 길이 133센티미터, 입지름 18.5센티미터(가운데), 길이 153센티미터, 입지름 19.5센티미터(오른쪽).

대고 부는 취부(吹部)가 좁아지는 형태이다.

『악학궤범』에 의하면 정대업 정재의 의장(儀仗)에 쓰는 악기는 대각(大角)이라 하여 끝이 원통형 모양을 하고 있는데 비해, 현재 사용되고 있는 나발은 태평소(太平簫)의 동팔랑(銅八郞)과 같이 끝이 넓게 펴져 있는 모양이다.

1920년대까지는 이 악기가 동네의 이장이 사람을 불러 모을 때 신호용으로 사용되기도 했다.

대취타(大吹打)에서 사용되다가 어느 때부터인가 불교 의례에도 사용되었다.

법라(法螺)

절에서 의식을 행할 때 사용되는 관악기의 하나로, 재료는 자연에서 채취한 비교적 큰 소라 껍데기를 사용하며 소라의 끝 부분에 작은 구멍을 뚫고 금속제 피리를 붙여서 불게 만든 것이다.

법라 큰 소라 껍데기 끝 부분에 작은 구멍을 뚫고 금속제 피리를 붙여서 불게 만들었다. 높이 34센티미터, 길이 19센티미터(왼쪽), 높이 22센티미터, 길이 11.5센티미터(오른쪽).

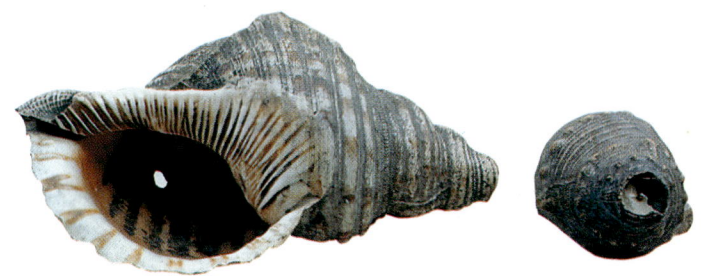

승려가 좌선을 할 때 졸음을 막기 위해 또는 병을 치료하기 위해 가볍게 운동을 하는 등 경행(經行)을 할 때에도 사용된다.

『고려사』에 보면 왕실 행사인 법가 위장(法駕衛仗) 때 임금의 수레 뒤에 있는 취나군(吹螺軍)이 자연에서 채취한 이 악기를 불었다고 기재되어 있다. 또 『악학궤범』에 의하면 조선시대 성종 때에는 정대업 정재의 의장 악기로 사용하였다고 하며 현재는 일반적인 대취타에 편성해 사용하고 있다.

법회 의식 용구

법회 의식 용구는 부처와 보살을 의식 도량에 모셔 와서 공양과 예배를 드리고 찬탄하고 발원하며 설법을 듣고 구제를 받는 의식 공간이 불세계(佛世界)임을 상징화하는 데 필요한 장식구들이다.

의식 도량에는 불상과 불화를 봉안하고 그 주위에 각종 불패(佛牌)와 원패(願牌) 등을 놓는다. 그리고 의식에 필요한 향로와 촛대 등의 공양구, 요령과 꽹쇠, 법라 등의 법악기, 의식 무용의 복식, 발원문을 올리는 데 필요한 소통 등이 수반된다. 한편 법회의 의식 공간은 신중들의 수호에 의한 청정 도량임을 상징화하기 위하여 12지신장·4보살·8금강 등의 불화를 의식 도량의 공중에 줄을 쳐서 매어 단다.

패(牌)

패란 부처와 보살의 명호나 발원 내용 등을 적어 놓은 나무패를 말한다. 여러 가지 형태가 있으나 단순히 패의 아래쪽에 연화대만을 붙이는 경우도 있고, 그 위에 구름 문양 등을 조각하여 비석이나 탑 등의 옥개석(屋蓋石)처럼 나타내는 경우도 있다. 또는 위패의 양쪽에 작은 문을 설치하는 것도 있고 당초문과 같은 문양을 배치하기도 한다.

　죽은 사람의 이름과 죽은 날짜를 적은 위패는 시련 의식에서 상의 뒤쪽 중앙에 놓고 그 좌우에는 각각 향로와 다기를 놓고 1쌍의 촛대를 세운다.

　의식에 사용되는 위패는 죽은 사람의 혼을 대신하는 것으로 여겨

발원패　발원 내용을 적은 나무패로 벽에 걸어 놓는다(오른쪽).

거불패　부처와 보살의 명호를 적은 나무패이다. 높이 66센티미터, 폭 26.5센티미터, 좌대 54×23센티미터(아래).

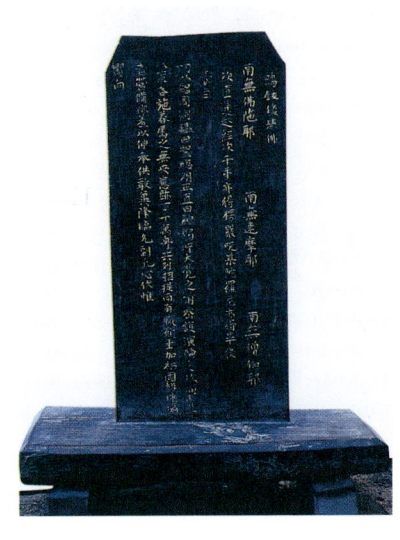

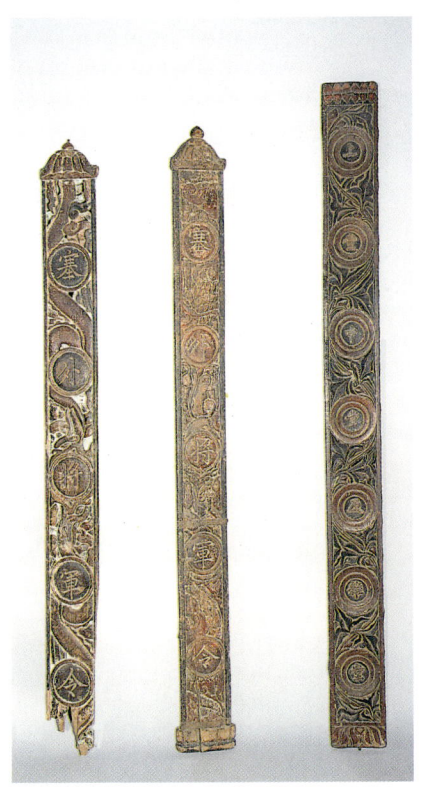

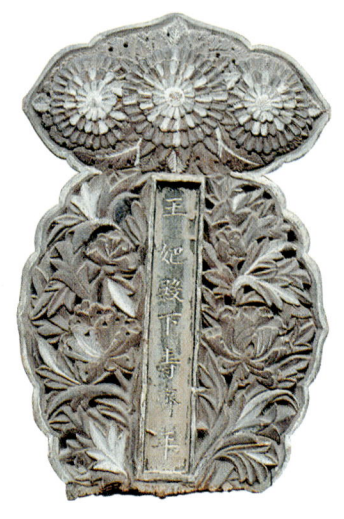
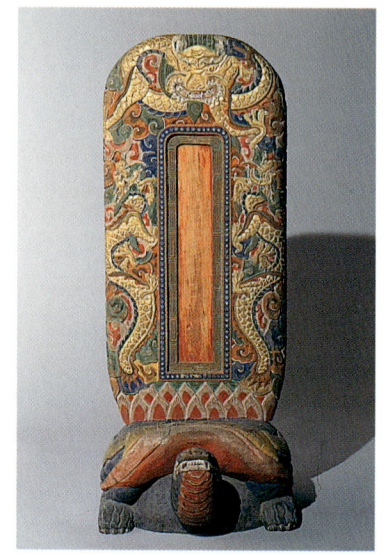
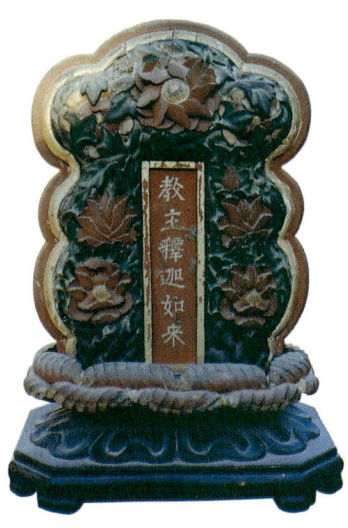
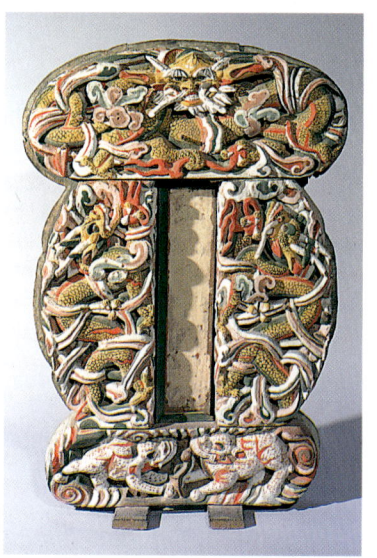

원패 왕비의 장수를 기원하는 발원 내용을 적었으며 기단이 없다. 높이 44센티미터, 폭 29센티미터(맨위 왼쪽). 기단은 거북 모양이며 몸체에는 황룡이 장식되어 있고 발원 내용은 지워졌다. 높이 77센티미터, 좌대 31×30센티미터(맨위 오른쪽).

석가여래패 모란문을 양각한 화려한 불패이다. 높이 38센티미터, 좌대 26×17센티미터(위 왼쪽).

불패 글자는 지워지고 패의 양쪽에 용을 교묘하게 조각했다. 높이 79.8센티미터, 폭 54.5센티미터(위 오른쪽).

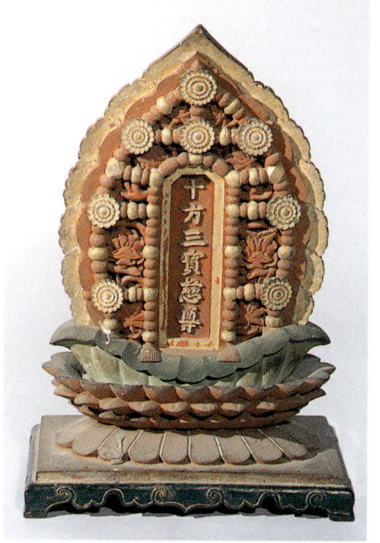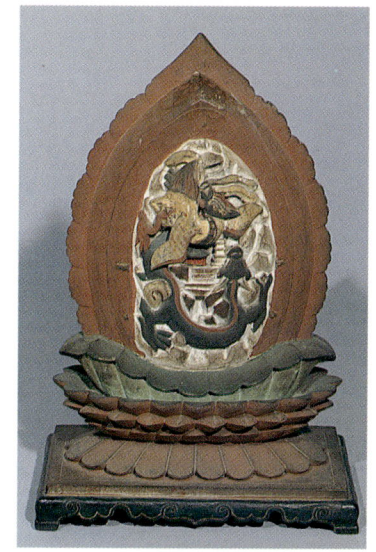

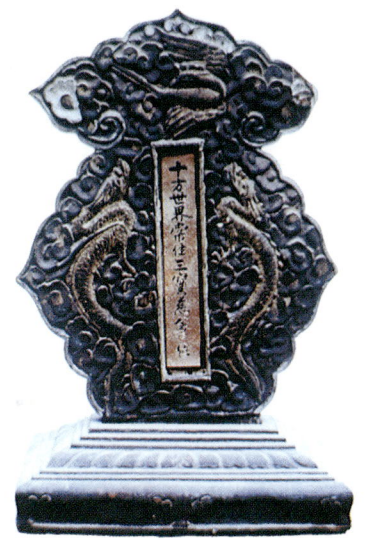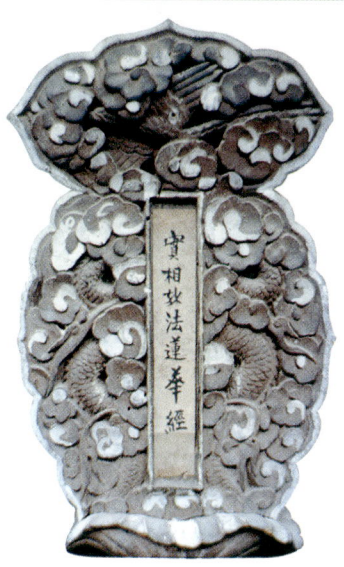

삼보패 생동감 넘치는 연화대 위에 세워진 패에 염주와 꽃 문양으로 장식하였다. 높이 41센티미터, 좌대 28×17.3센티미터(맨위 왼쪽은 정면, 오른쪽은 뒷면). 구름 사이에 용과 가릉빈가인 듯한 새를 새겨 넣었다. 높이 37센티미터, 좌대 23.5×12센티미터(위 오른쪽).

경패 '실상묘법연화경'이라고 명기되어 있으며 구름 속에서 꿈틀대는 용을 조각하였다. 높이 50.5센티미터, 폭 28.5센티미터(위 왼쪽).

서 단(檀)이나 묘(廟), 원(院), 절 등에 모시며 목주(木柱), 영위(靈位), 위판(位版), 신주(神主)라고 부르기도 한다.

구룡 장식 관불기(九龍裝飾灌佛器)

불상을 관욕할 때 사용하는 그릇이다. 부처님 탄생 후 아홉 마리의 용이 물을 뿜어 부처님을 목욕시켰다는 설에서 그릇 테두리를 구룡(九龍)으로 장식한다.

관불회(灌佛會)는 탄생불을 관정(灌頂)하여 석가모니의 탄생을 기념하는 의식으로 사월 초파일 부처님 오신 날을 맞아 이 날을 축하하는 의미로 향해진다. 탄생불을 불단에 모셔 놓고 그 불상에 물을 부으면서 부처님 탄생을 축하하는 의미로 의식을 행한다.

『보요경(普曜經)』에 의하면 석가모니가 탄생하였을 때 용왕이 공중에서 향수를 솟아나게 하여 그 신체를 세욕(洗浴)시켰다고 한다. 이를 근거로 하여 관불회 때에 탄생불에 감로다(甘露茶)를 붓는 의식을 집행하는 것이다.

관불회를 줄여서 관불 또는 욕불이라고도 하는데 이것은 부처님을 목욕하게 한다는 뜻이 담겨 있기 때문이다. 뿐만 아니라 감로다를 뿌리는 것은 곧 향수를 뿌리는 것이나 다름이 없고 불상을 씻는 그 공덕이 한량없다고 믿는다. 또한 관불에 쓰인 감로다는 공덕이 있는 것이라 하여 집에 가져 가서 하루 동안 마시는 습속이 있다고 한다.

소통(疎筒)

의식에 발원문을 읽고 나서 그것을 말아 넣는 통으로 불단 좌우에 놓는다. 대개 나무로 만든 긴 직사각형 통으로 좌대와 몸통에 화려한 문양을 넣어 장식하였다.

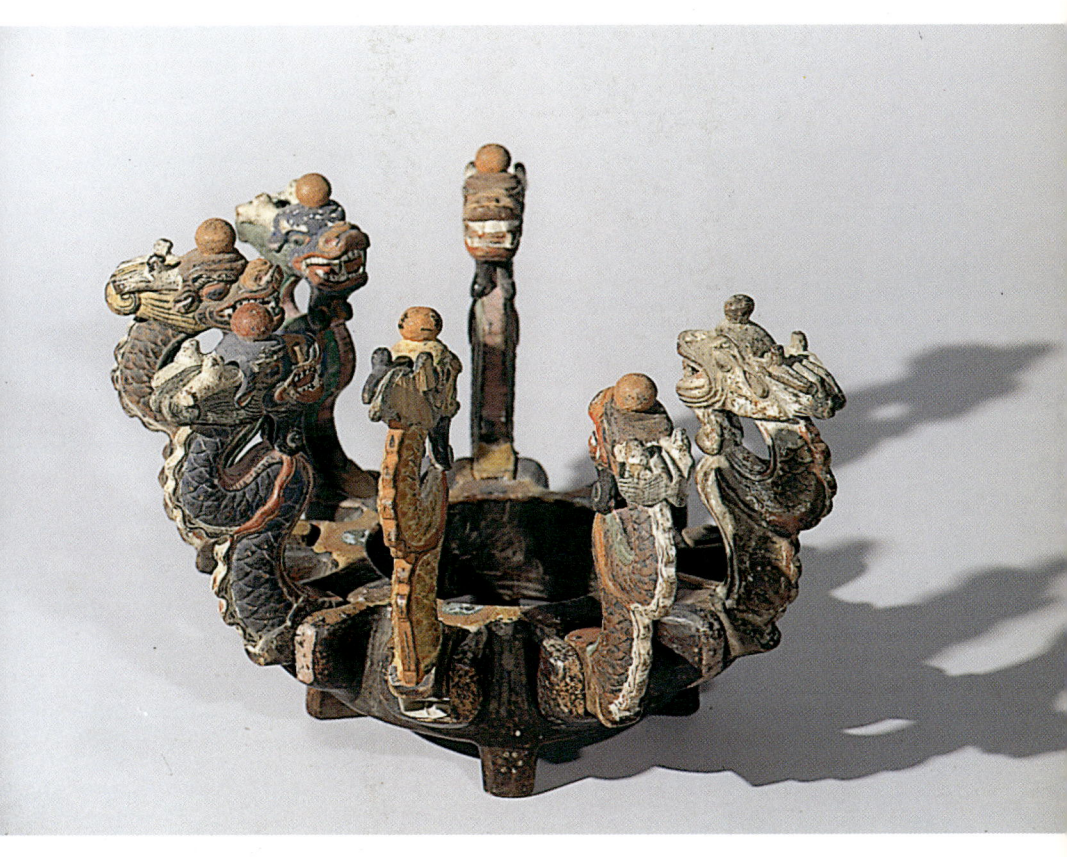

구룡 장식 관불기 불상에 물을 부으면서 부처의 탄생을 축하하는 의식을 행할 때 사용하는 용구로 아홉 마리의 용이 갓 태어난 부처님을 목욕시켰다는 설화를 근거로 이같은 모양을 만들었다. 높이 16센티미터, 대좌 폭 22센티미터.

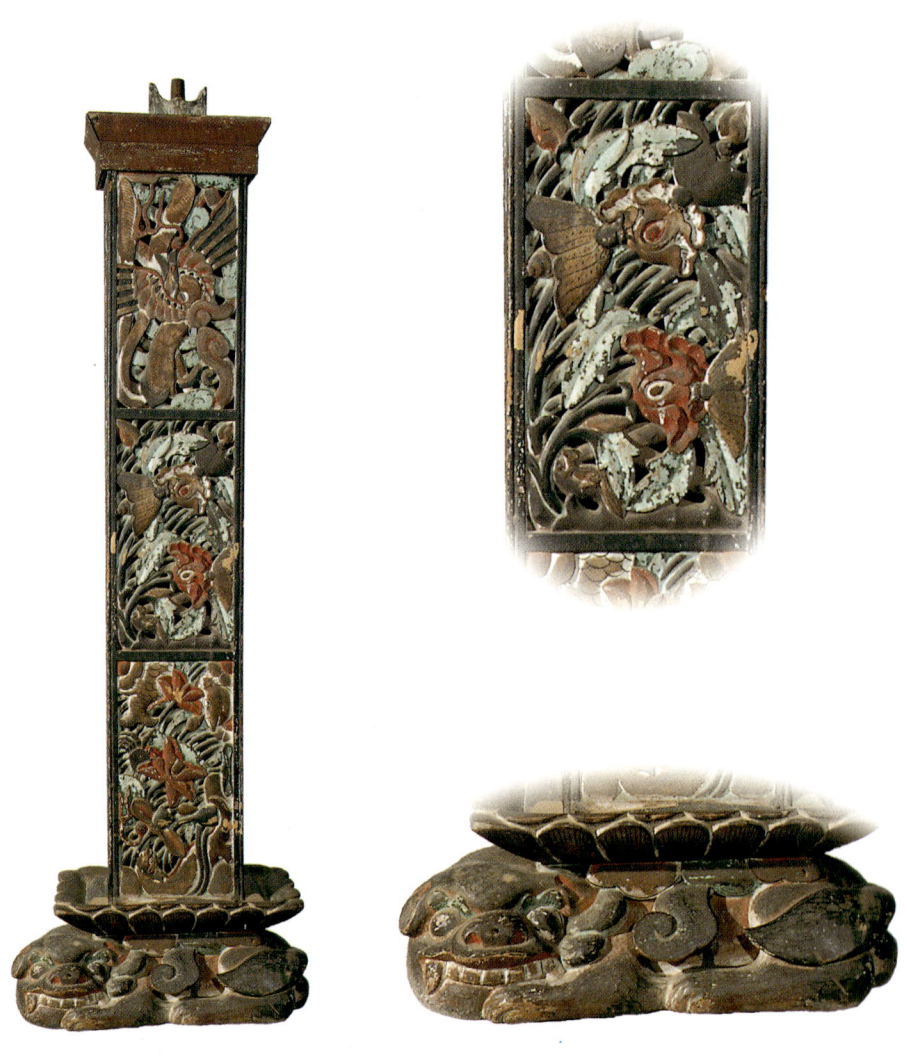

소통 발원 내용을 읽은 후 그것을 말아 넣는 사각 통으로 겉면을 양각으로 아름답게 꾸몄다. 높이 127센티미터, 좌대 40×29센티미터(왼쪽은 정면, 오른쪽 위·아래는 부분).

공양구(供養具)

정병(淨瓶)　정병은 맑은 물을 담아 두는 병으로, 범어로는 Kuṇḍi 혹은 Kuṇḍikā라 부른다. Amṛtakuṇḍali는 감로병이라는 의미로 깨끗한 물이나 감로수를 담는 병을 말한다. 『법화경』에 의하면 원래는 승려가 지녀야 할 18지물의 하나였으나 점차 불전에 바치는 깨끗한 물을 담는 그릇으로 사용하게 되었다고 한다.

이 정병은 부처님 앞에 바치는 공양구일 뿐만 아니라 관음보살을 상징하는 지물로서의 역할도 한다. 불교 의식이 진행될 때는 쇄수게(灑水偈)를 행하면서 의식을 인도하는 승려가 솔가지로 감로수를 뿌림으로써 모든 마귀와 번뇌를 물리치도록 할 때 사용된다.

정병은 주로 청동이나 점토로 만들어지나 금이나 은을 사용하여 만들기도 하였다.

고려시대에는 불교의 융성과 함께 특히 많이 제작되었는데 은입사 기법을 이용하여 포류수금문이나 유로수금문 등 회화적인 소재들로 시문된 뛰어난 작품들이 많이 남아 있다. 이러한 은입사 기법은 고려시대의 상감청자 시원(始原) 문제와도 깊은 관련이 있을 뿐만 아니라 조형상으로도 고려시대의 우수한 금속 공예의 한 단면을 보여 주는 것이다.

정병 파랗게 핀 녹이 세월의 흔적을 잘 보여 주는 고려시대의 전형적인 정병이다. 높이 39센티미터, 밑지름 10.2센티미터.

우리나라 정병의 형태에 대해서는 『고려도경(高麗圖經)』에 가늘고 긴 목에 테두리가 둘러져 있고 넓은 어깨 부분에는 뚜껑이 부착된 주둥이가 나와 있는 독특한 형태라고 자세히 설명되어 있다.

현재 통도사에 소장되어 있는 청동제 정병은 표면에 녹이 파랗게 피어 유구한 세월의 흔적이 감지되며 단아하고 균형 있는 형태미를 보여 주는 고려시대의 전형적인 정병이다.

향로(香爐) 향로는 향을 사르는 데 사용하는 기물이다. 향은 원래 나쁜 냄새를 제거하기 위하여 사용되었다. 이후 향이 마음의 때까지 말끔하게 씻어 준다는 의미를 가지게 되면서 불전 앞에 향로를 안치하고 향을 공양하게 되었다.

형태는 손잡이가 있는 병향로와 손잡이가 없는 거향로로 나눌 수 있으며 이외에 조향로, 상로 등이 있다. 금속이나 점토로 만드는 것이 보통이나 드물게 상아, 유리로 된 예도 있다.

중국에서는 한대에 청동과 점토로 만들어진 박산로가 성행했으며

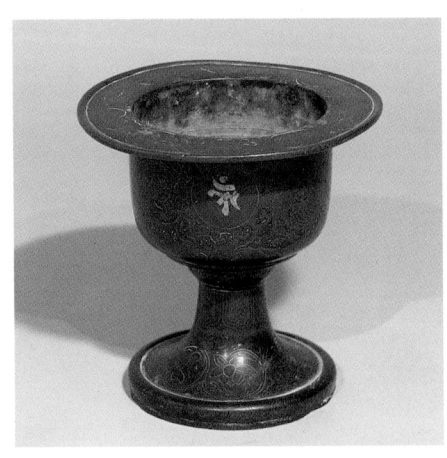

향완 그릇 모양의 몸체에 나팔 모양의 높은 받침대가 있는 향로이다. 청동의 몸체에 은입사로 장식하는 방식으로 제작되었는데 이러한 형태는 고려시대에 크게 유행했다. 높이 21.2센티미터, 지름 21센티미터.

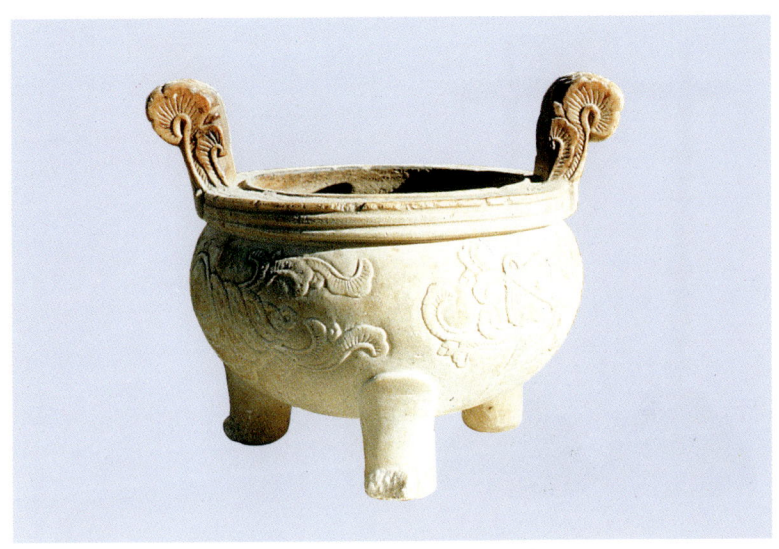

납석 향로 세 발이 달린 조선시대의 일반적인 형태의 향로이다. 높이 33센티미터, 지름 31센티미터.

남북조시대에 이르러서 병향로가 나타나기 시작하여 많은 사찰에서 불교 의식 때 사용하였다. 우리나라는 불교의 전래와 함께 향을 가져왔다는 기록이 있어 일찍부터 향 공양을 위한 그릇으로 향로가 만들어졌을 것으로 생각된다. 삼국시대와 통일신라시대의 향로는 거의 남아 있지 않으나 고구려 고분 벽화인 쌍영총의 부인행렬도나 신라 단석산 신선사 마애불 공양상, 성덕대왕 신종의 비천상 등을 통해 당시에는 주로 청동으로 만들어진 병향로가 사용되었음을 알 수 있다.

고려시대에는 청동제에 은입사 기법을 사용한 향로가 크게 유행하였는데 그릇 모양의 몸체에 나팔처럼 생긴 높은 받침대가 있는 특이한 형태 때문에 향완(香垸)이라고 불린다. 조선시대에도 향완의

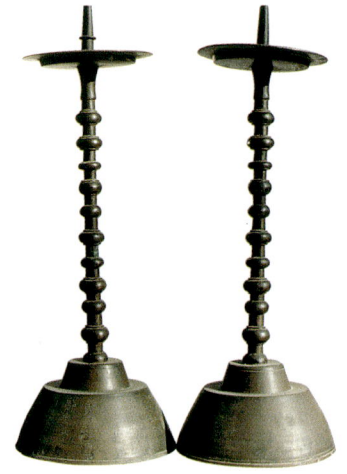

촛대 양초를 세우는 데 사용하는 받침대로 금속, 점토, 나무 등으로 제작했다. 높이 81.5센티미터, 지름 29.5센티미터(왼쪽), 높이 81센티미터, 지름 31.5센티미터(오른쪽).

옥제 등잔 그릇에 기름을 붓고 심지에 기름이 배어들게 하여 불을 켠다. 작은 옥 등잔은 연등 행사에 사용되는데 사찰에서 불을 밝히고 발원하는 신앙 행사에서 비롯된 것으로 보인다. 높이 8.8센티미터, 지름 24센티미터, 두께 0.9센티미터(아래 왼쪽), 높이 3.5센티미터, 지름 9.5센티미터, 두께 4.5센티미터(아래 가운데), 높이 12.5센티미터, 지름 25센티미터, 두께 1.6센티미터(아래 오른쪽).

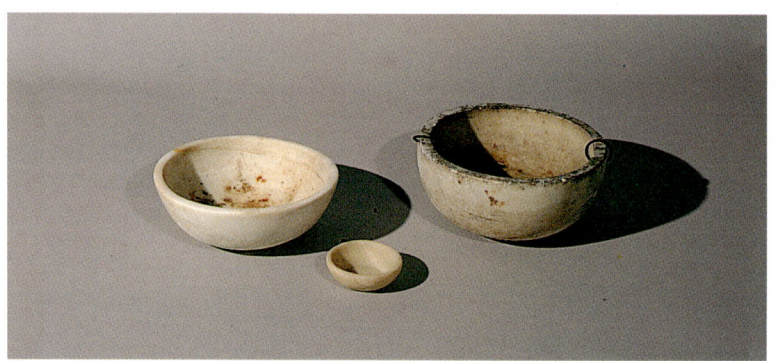

전통이 이어져 사찰의 공양구로 사용되었으나, 동물형 다리를 지닌 세발 솥(鼎)의 형태로 된 향로가 많이 제작되었다.

　　촛대 양초를 세우는 데 사용하는 받침대로 불전에 올릴 때에는 향로, 화병(花甁)과 함께 자리잡게 된다. 주로 금속으로 만들어지지만 간혹 점토, 나무로 만든 예도 있다.

그 형식은 일정하지 않으나 여러 개의 잘록한 목 부분이 있는 막대기 모양의 받침대가 있고 그 위 꼭대기 부분에는 촛농이 떨어지는 것을 방지하기 위해 구연부(口緣部)의 전이 넓게 되어 있는 것이 일반적이다.

우리나라에서 제작된 촛대 중 오래된 것으로는 통일신라시대의 금동 수정 상감 촛대 한 쌍이 전해지며, 고려시대의 청동 쌍사자 촛대도 전하고 있다.

금강령(金剛鈴)　금강령은 흔들어서 소리를 내는 것으로 불교 의식 때 부처와 보살들을 기쁘게 해주고 중생들을 성불(成佛)의 길로 이끌어 주는 불구이다. 종신(鍾身) 부분, 손잡이 부분 그리고 금강저(金剛杵) 부분으로 이루어져 있다.

금강저 부분은 종교 수행 중의 번뇌를 없애 준다는 의미를 갖고 있다. 금강저 가지가 하나이면 독고령이라 하고 그 개수에 따라 3고령, 5고령, 9고령으로 구분하는데 우리나라의 금강령은 3고령과 5고령이 주류를 이루고 있다. 종의 몸체에는 주로 불법을 수호하는 오대 명왕을 비롯하여 범천왕, 제석천왕, 사천왕, 팔부중 등 호법 신장상이 표현된다. 흔히 '요령(搖鈴)'이라고 부르기도 한다.

다음 그림에서 보는 금강령은 범천(梵天), 제석천(帝釋天)과 사천왕(四天王)이 각 면마다 비교적 고부조로 조식되어 있고 상징성이 강한 금강저 부분은 삼고로 되어 있다. 고부의 형태는 좌우의 협고가 중심고를 향해 뻗어나와 서로 맞대고 있어서 무기로서의 예리함이 남아 있으며, 손잡이와 연결된 부분은 입을 벌린 용두의 형태가 간략하게 표현되어 있다. 어깨 부분은 천개 형식의 문양 위에 작은 연판이 입체적으로 표현되어 2중의 단을 이루고 있다.

그 옆의 것은 밑이 벌어진 종형으로 고부는 중심고를 향해 사방에

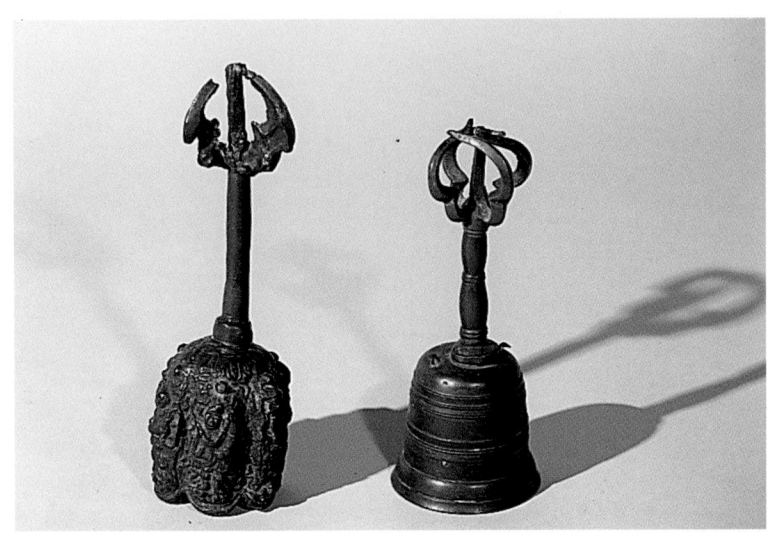

금강령 흔들어 소리를 내어 불·보살을 기쁘게 하거나 중생들을 성불로 이끄는 데 사용한다. 높이 23.3센티미터, 폭 7.8센티미터, 신고 8.7센티미터(왼쪽). 높이 20센티미터, 폭 7.8센티미터, 신고 7.5센티미터(오른쪽).

서 협저가 안으로 모인 5고령의 청동제 금강령이다. 협고의 아래에 장식된 용구(龍口)가 받침대 모양의 작은 돌기로 간략화되어 있다. 손잡이 부분과 종신 부분은 돌림대로 처리되었다. 종신에는 조각이 없고 구연부는 치마처럼 벌어지게 표현되어 있다.

　법고(法鼓) 아침, 저녁의 예불 때나 수행의 정진을 위해 치는 불구의 하나로서 『법화경』「서품(序品)」에 따르면 번뇌와 망상 또는 집착과 오욕의 마군을 없애는 설법을 할 때 북을 친다고 한다. 북을 범어로는 bheri라 하고 고(鼓), 법고(法鼓)로 불리며 크기에 따라 대고(大鼓), 소고(小鼓), 세요고(細要鼓), 제고(齊鼓) 등으로 불리며 모타라(牟陀羅), 규루고(奎樓鼓)라고도 한다.

　우리나라의 북은 나무나 쇠붙이 따위로 기본 형태를 만들고 양쪽

마구리에 가죽을 팽팽하게 씌우고
여러 가지 그림으로 장식한다.
크기에 따라 대·중·소로 나
눌 수 있는데 일반적으로 법
고라 하면 큰북을 가리킨다.
목조 해태 고대에 놓인 큰북은
왕실의 궁전 연회 때 사용된
북의 형상과 유사하다.

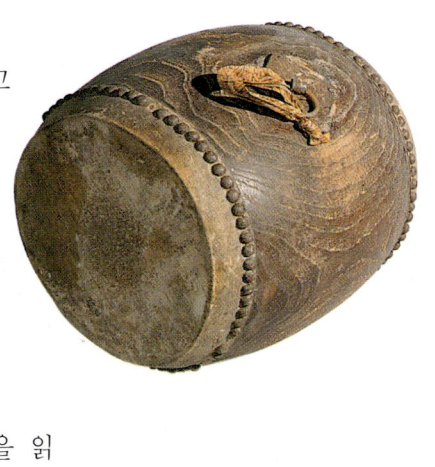

　경자(磬子)　경(磬)은 불경을 읽
을 때나 범패를 할 때 사용되는 불구
의 하나이다. 주로 선반에 걸어 두
거나 법당 안의 스님 곁에 있는
책상 위에 두고 치는 것이 일반
적이다. 그 모양은 판으로 되고
한가운데가 굽어 두 끝이 아래로
드리워져 있으며 두 개의 끈으로

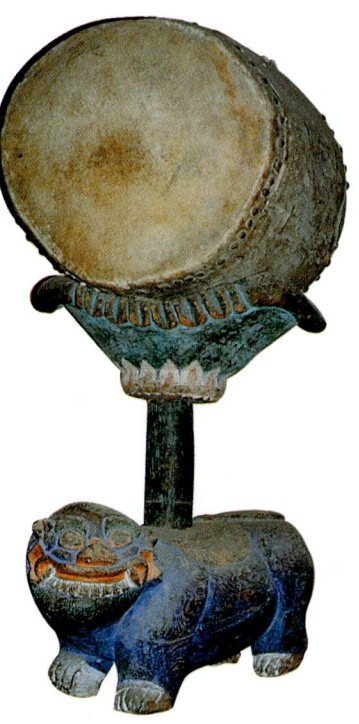

홍고　아침, 저녁의 예불이나 의식을 치
를 때 수행 정진을 위해 치는 큰북이다.
높이 99센티미터, 폭 86센티미터, 지름
87센티미터(위).

목조 해태 고대 위의 홍고　왕실의 궁전
연회 때 사용되던 북의 형상과 비슷하
다. 홍고 높이 85센티미터, 폭 74센티미
터, 지름 74센티미터, 목조 해태 높이
119센티미터, 폭 103센티미터(오른쪽).

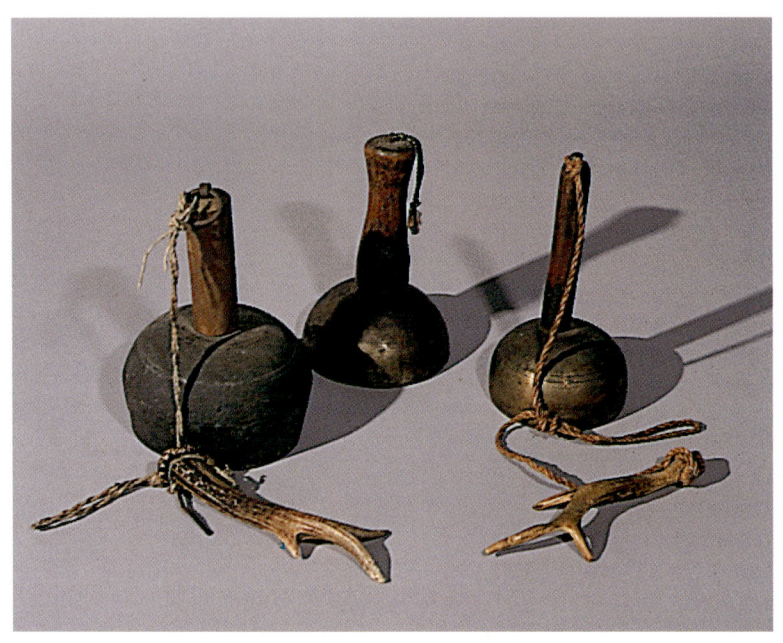

경자 불경을 읽거나 범패를 하면서 치는 작은 종으로 재료나 용도에 따라 옥경, 동경, 철경 등 다양하게 불린다. 직경 11.7센티미터, 높이 18.5센티미터, 녹각 길이 18.5센티미터(위 왼쪽), 직경 11센티미터, 높이 4.5센티미터(위 가운데), 직경 10센티미터, 높이 21.5센티미터, 녹각 길이 19.5센티미터(위 오른쪽). 일반적인 경자와는 다른 모양을 하고 있다. 직경 24센티미터, 높이 15센티미터(옆면 위).

정통 원년명 청동 소종 현가에 매달아 두고 치는 작은 종으로 하대 부분이 꽃 문양으로 장식되었다. 높이 15센티미터, 지름 12.8센티미터(옆면 아래 왼쪽), 높이 14.5센티미터, 지름 12.3센티미터(옆면 아래 오른쪽).

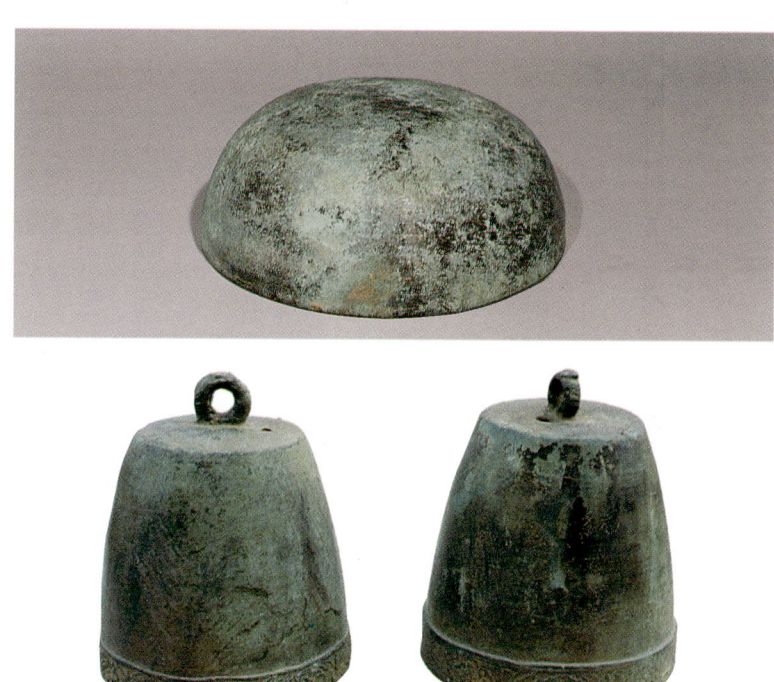

틀〔懸架〕에 매달게 되어 있으며, 당목(撞木)으로 친다.

크기는 보통 길이 약 50센티미터에 넓이 약 35센티미터 정도로 돌이나 옥, 구리, 철 등으로 만든다. 재료나 용도에 따라 옥경, 동경, 철경, 편경, 생경, 송경, 가경, 특경 등으로 다양하게 부른다.

이 경을 치는 목적은 제존을 경각시키고 아래로는 중생들을 무명의 긴 잠으로부터 깨우려는 데 있다. 또 다른 설에 의하면 처음 치는 것은 제존천들을 경각시키는 것이고 다음에 치는 것은 집회에 모인 승속(僧俗)과 시주자들을 일깨우려는 데 있다고 한다.

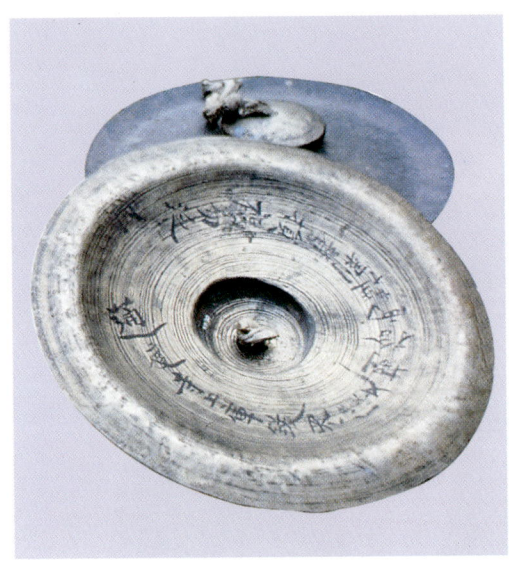

바라 평평한 접시 모양의 원반 두 개로 한 쌍을 이루는 타악기이다. 가운데 움푹 들어간 부분에 구멍을 내고 끈을 달아서 좌우 손에 한 개씩 들고 서로 비벼치면서 소리를 낸다. 지름 53센티미터, 높이 7센티미터(앞쪽), 지름 50.5센티미터, 높이 8센티미터(뒤쪽).

바라(鉢羅) 사찰에서 법회 때 쓰는 금속 악기로 발자(鉢子), 동반(銅盤)이라고도 한다.

전체적인 형태는 심벌즈 혹은 갓과 비슷한 타악기의 일종으로 구리로 만든 두 개의 평평한 접시 모양 원반인데 각각 그 중앙의 움푹 들어간 부분에 구멍을 내고 끈을 달아서 좌우 손에 한 개씩 들고 서로 비벼치면서 소리를 내는 것이다.

『백장청규(百丈淸規)』에 따르면 불전에 향을 올릴 때라든지 설법을 하거나 큰 집회를 행할 때 그리고 장례 의식을 하거나 새로운 주지를 맞아들이는 불교 의식 때 수행자가 울렸다고 한다. 통도사 소장 바라의 표면에는 묵서명으로 '통도사상고바라…(通度寺上庫鉢羅…)'라고 안팎에 표시되어 있다.

장엄구(莊嚴具)

각종 의식을 행하는 도량은 여러 가지 기물로 장엄된다. 도량의 장엄은 불세계를 현실 세계에 입체적으로 표현한 것이다. 즉 도량을 부처가 상주하는 정토에 비견하여 좋고 아름다운 것으로 꾸민다는 뜻이 있다.

의식을 행하는 도량의 사방과 공중에는 각종 번, 괘번(掛幡), 등(燈), 당 등을 걸어 장엄한다. 번에는 삼신번(三神幡), 보고번(普告幡), 항마번(降魔幡), 시주번(施主幡), 오방번(五方幡), 23불번(二十三佛幡), 시왕번(十王幡), 산화락번(散花落幡), 괘금은전(掛金銀錢), 보상괘번(寶上掛幡), 화초괘번(花草掛幡), 인물괘번(人物掛幡), 보시괘(布施掛), 진언집(眞言集) 등이 있다.

삼신번, 보고번, 항마번, 오방번, 괘금은전은 보통 법당 앞의 서까래 끝에 달아 아래로 내리고, 23불번은 부연(附椽) 끝에 달아 아래로 내린다.

도량의 사방에는 공중에 줄을 쳐 각종 번과 등을 달아 매고, 이렇게 장엄한 도량의 외곽에는 법당 뒷면까지 사방에 줄을 치고 진언집을 달아매 장엄한다.

진언(眞言)이란 불교의 비밀스러운 주문을 말하는 것이다. 밀교에서 말하는 삼밀(三密) 중 어밀(語密)에 해당하는데 부처와 보살의 서원이나 덕(德), 그 별호(別號)나 가르침을 간직한 비밀의 어구이다. 진언은 그 뜻을 번역하지 않고 범어 그대로 읽고 외운다. 이렇게 외우고 그 문자를 보면 그 진언에 응하는 여러 가지 공덕이 생겨나고, 세속적인 소원의 성취는 물론 성불도 할 수 있다고 한다.

우리나라에서 유통되고 있는 불교 의식집에서 진언이 차지하는 비중은 매우 크다. 그것으로 도량을 장엄하는 데 사방을 에워싸듯이 진언집을 매다는 큰 뜻을 헤아릴 수 있다.

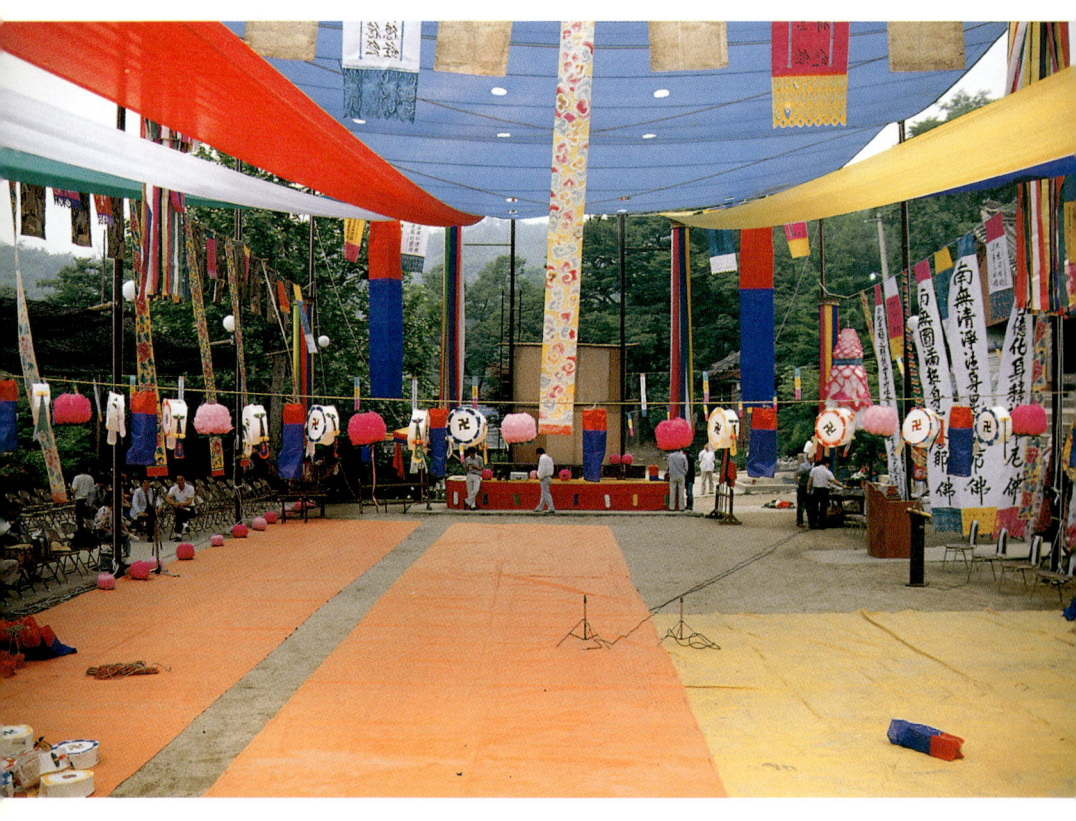

의식이 시작되기 전의 도량 불계의 극락 정토를 현실 세계에 표현하기 위해 여러 가
지 등이나 깃발, 패번, 당 등으로 사방과 공중을 화려하게 장엄한다.

도량장엄도(道場莊嚴圖)

진언집

법당(불단)

| 23불 | 금전패 | 화초패 | 오방번 | 시주번 | 삼신번 | 선고번 | 오방번 | 화초번 | 은전패 | 23불 |

마당

진언집

진언집

진언집

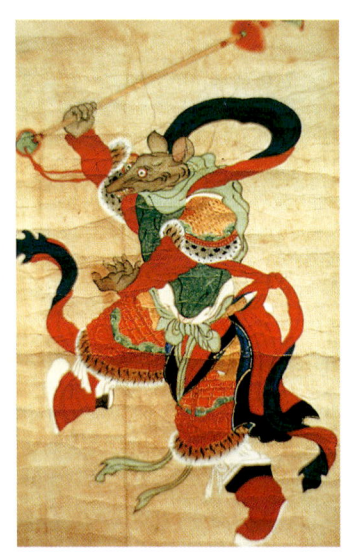

자상(子像)

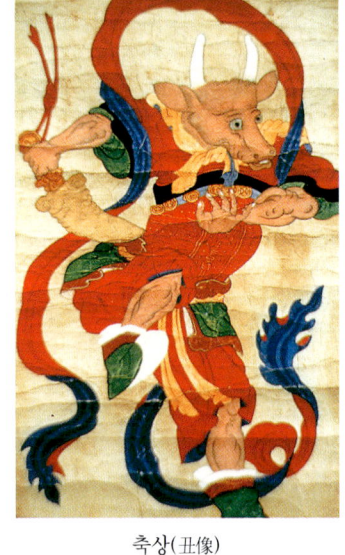

축상(丑像)

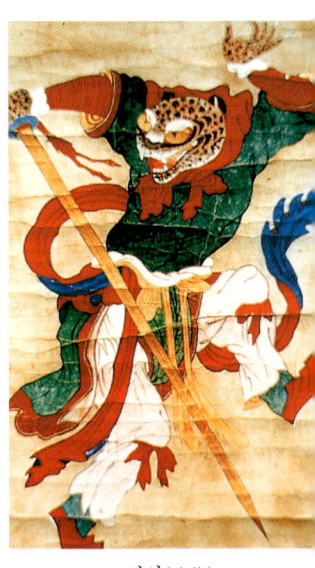

인상(寅像)

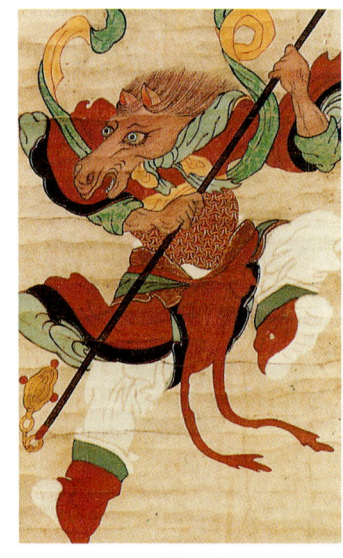

오상(午像)

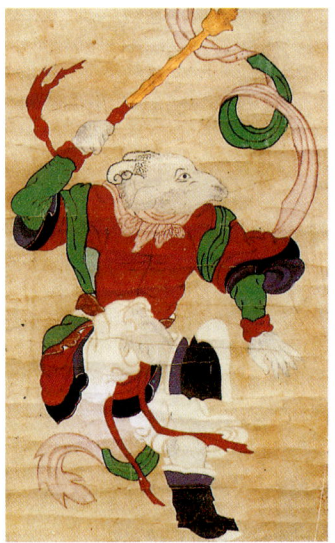

미상(未像)

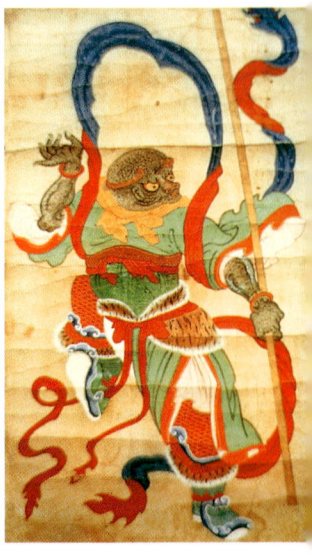

신상(申像)

십이지신상(十二支神像)　약사여래의 명호를 외우면서 공양하는 불교인을 지키는 신장들이다.

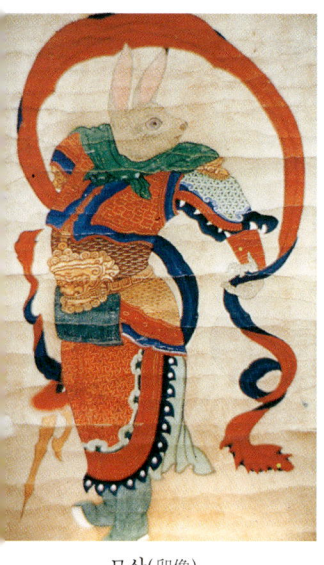

묘상(卯像)

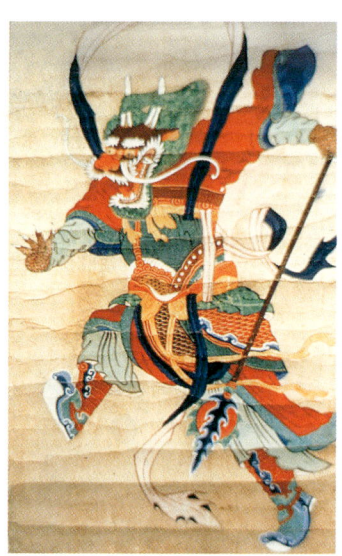

진상(辰像)

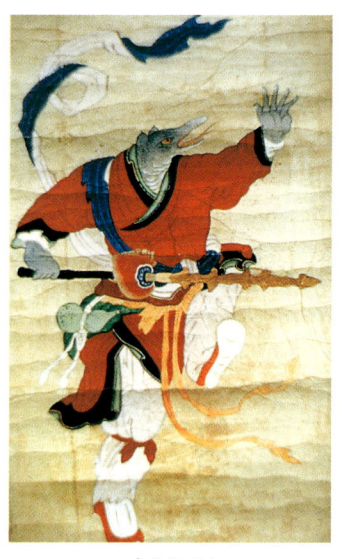

사상(巳像)

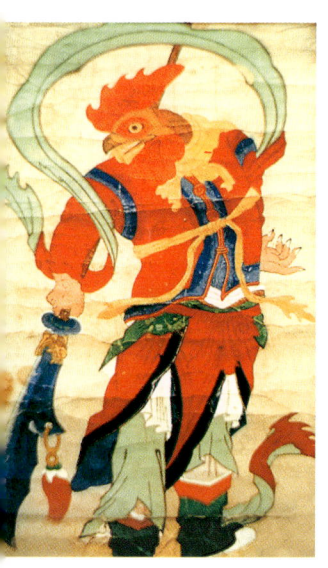

유상(酉像)

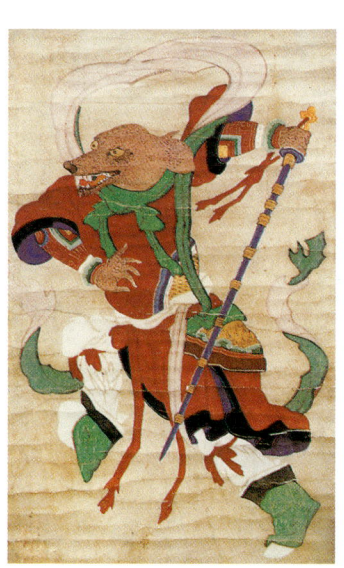

술상(戌像)

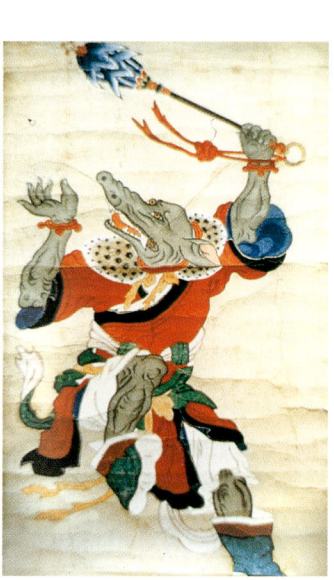

해상(亥像)

12방위에 맞추어 12가지 동물의 얼굴 모습에 인간의 몸을 하고 있다. 각각 123×67.5센티미터.

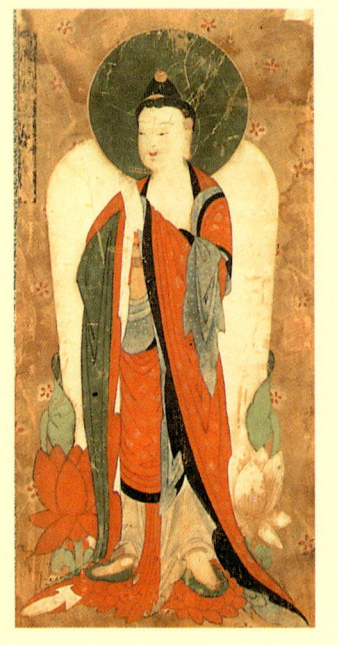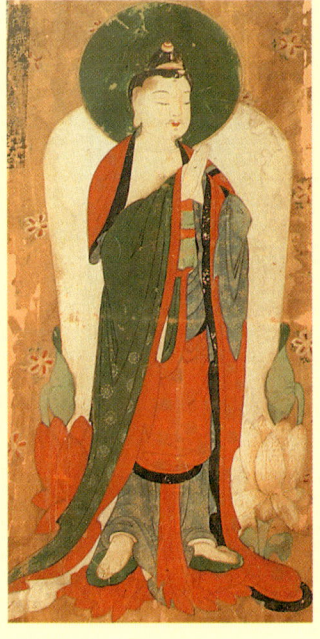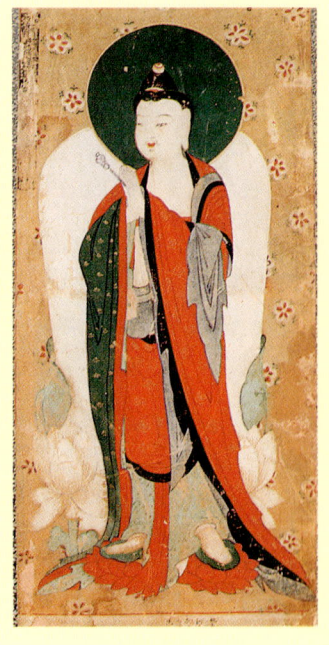

다보여래(多寶如來)　　　　　묘색신여래(妙色身如來)　　　　　광박신여래(廣博身如來)

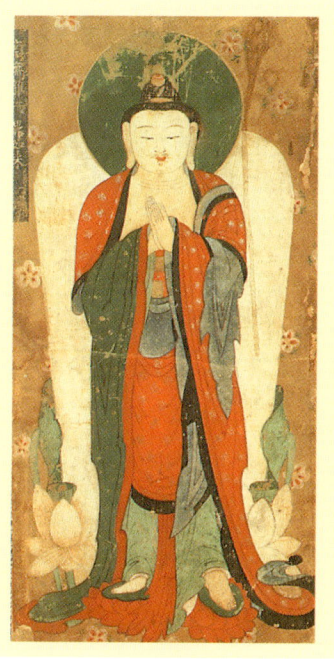 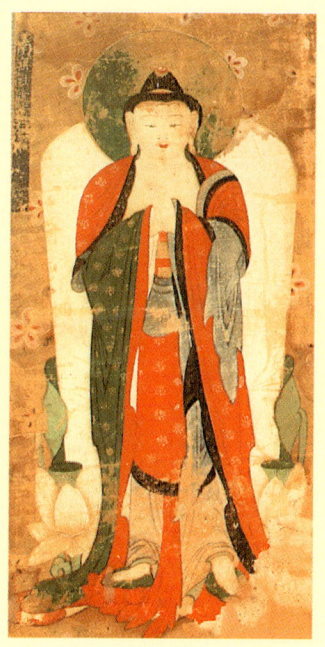

이포외여래(離怖畏如來)   감로왕여래(甘露王如來)

오여래도(五如來圖) 진언 밀교의 만다라에서 중앙과 그 사방에 있는 여래를 묘사한 것이다. 각각 75.5×35센티미터.

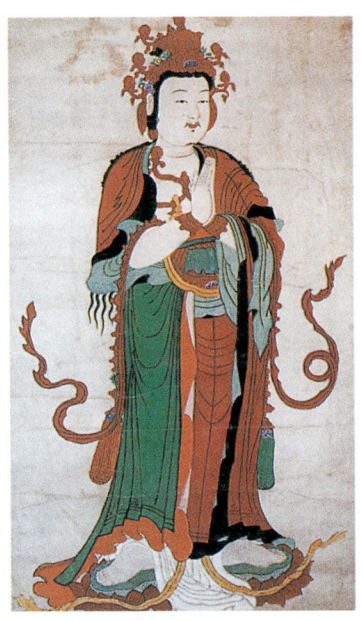

경물권보살(警物眷菩薩)

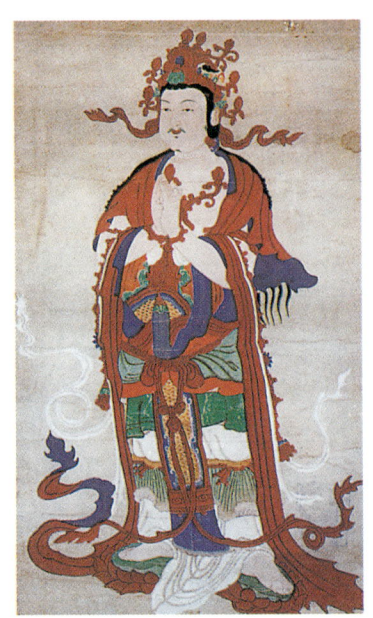

정업색보살(定業索菩薩)

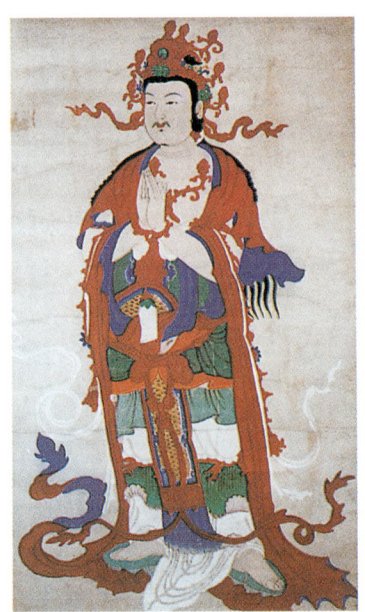

조복애보살(調伏愛菩薩)

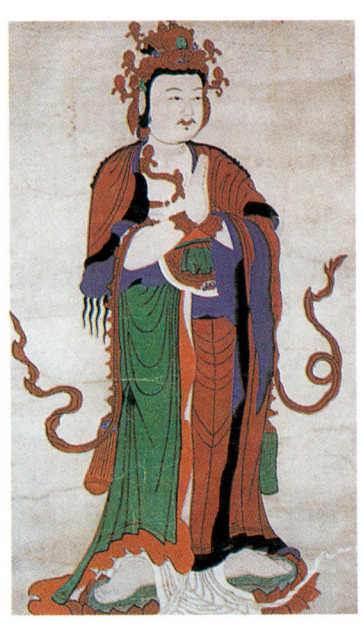

군미어보살(君迷語菩薩)

사보살도(四菩薩圖)　말세의 혼탁한 세상에서 『법화경』을 널리 유포하라는 부처의 수기(授記)를 받았다는 네 보살을 그린 것이다. 각각 138센티미터×79.5센티미터.

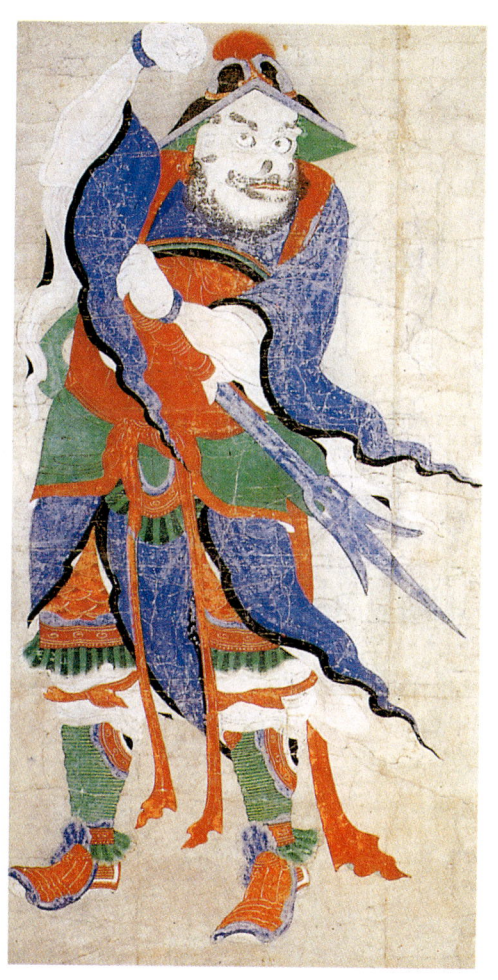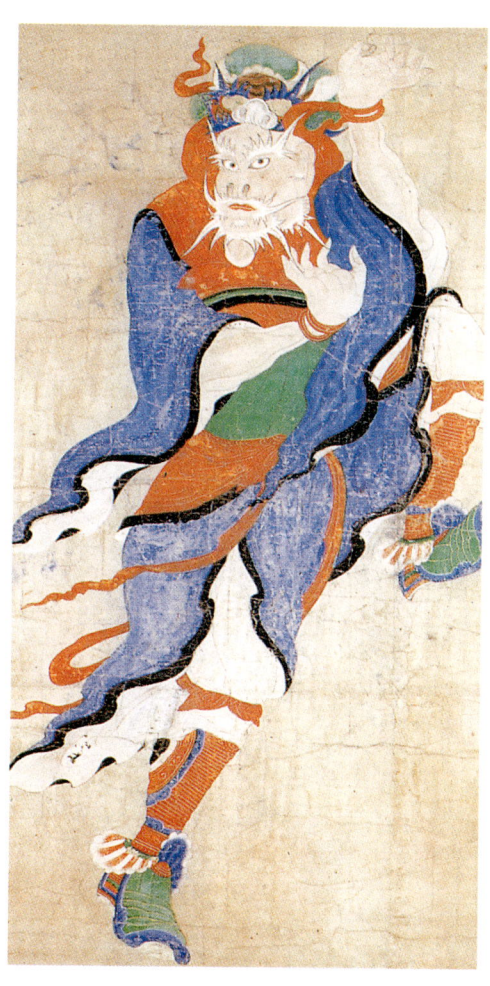

신장도(神將圖) 험상궂은 얼굴과 날카로운 삼지창으로 불법을 수호하는 신장을 나타 냈다. 특히 오른쪽의 용 얼굴을 한 신장은 고대 인도의 신들이 불교의 하위 신으로 되 었음을 보여 주고 있다. 각각 172.5×91.5센티미터.

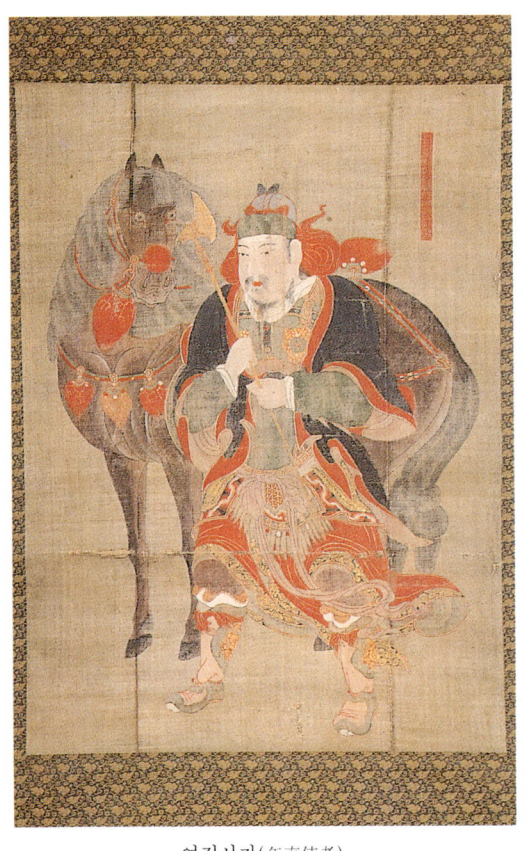
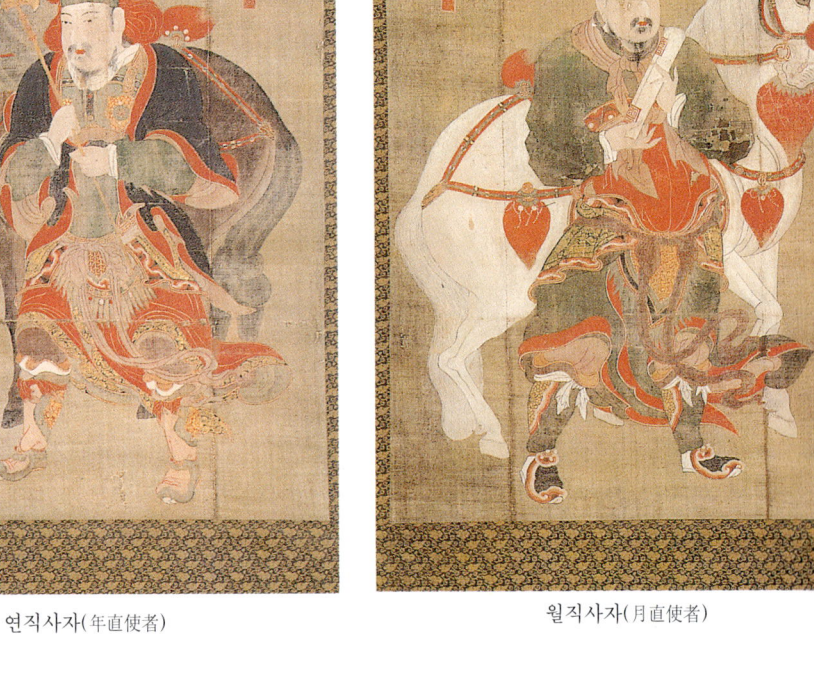

연직사자(年直使者)　　　　　　　　　　월직사자(月直使者)

사자도(使者圖)　죽은 자를 저승으로 데리고 가는 역할을 하는 저승 사자를 표현하였
다. 사람이 태어난 연월일시의 네 간지를 관할하는 사직 사자는 결국 인간의 수명을
상징한다고 할 수 있다. 각각 96.3×70.9센티미터.

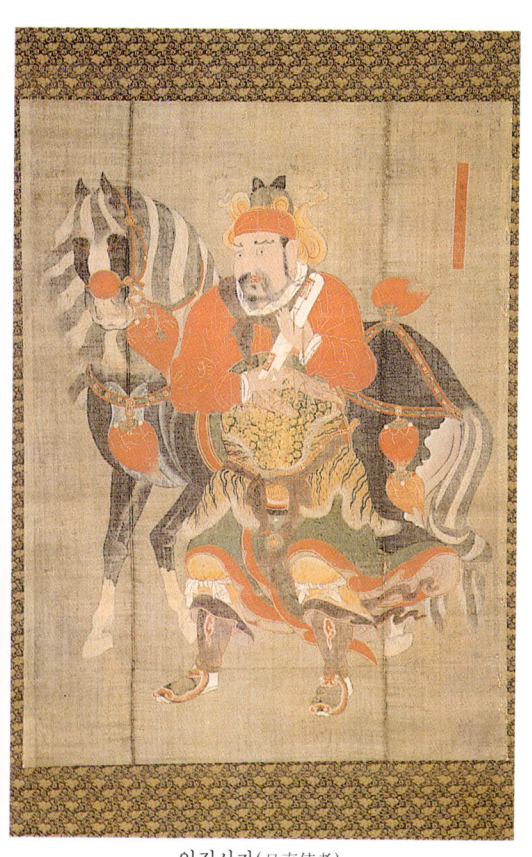

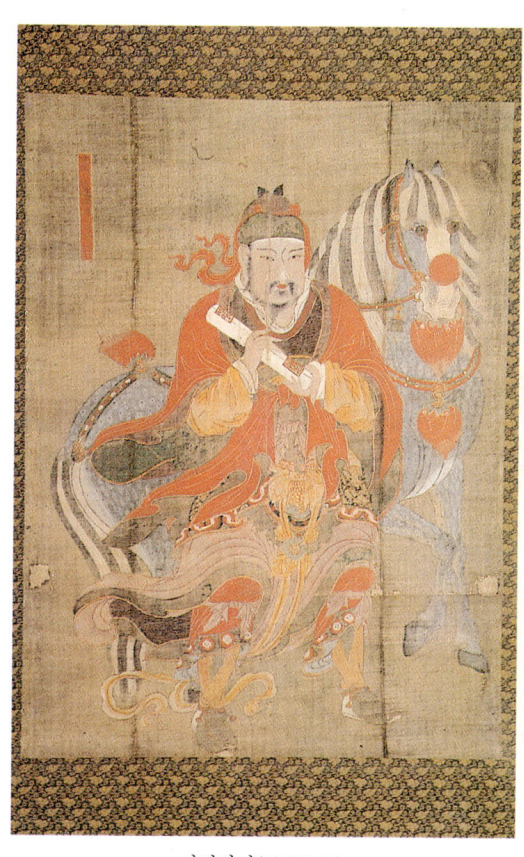

일직사자(日直使者)   시직사자(時直使者)

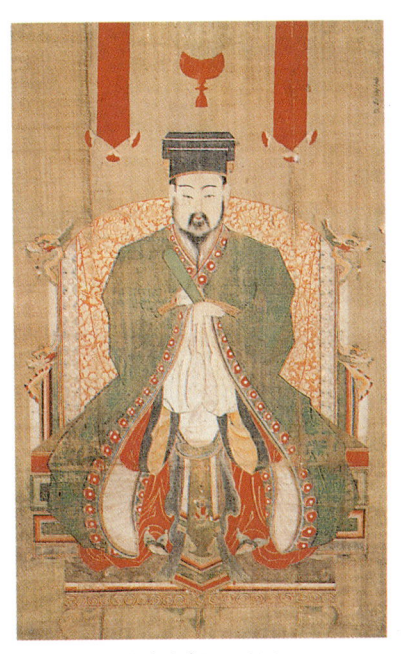

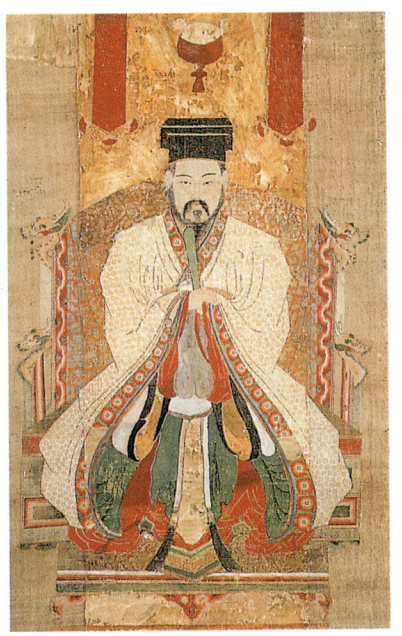

동방제위(東方帝位)　　　　　　　서방제위(西方帝位)

오방신도(五方神圖)　동·서·남·북과 중앙을 수호하는 방위 신(方位神)을 그린 것으로 입고 있는 옷 색깔이 그 방위를 나타낸다. 각각 115.5×69.8센티미터.

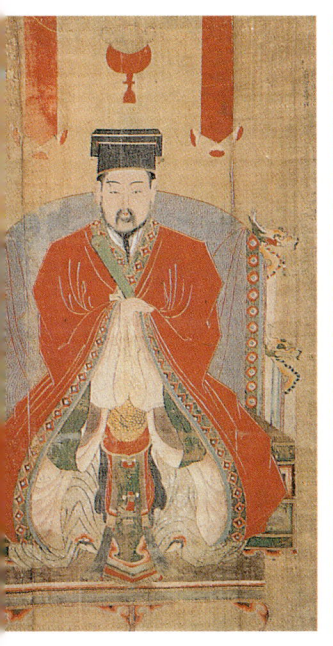

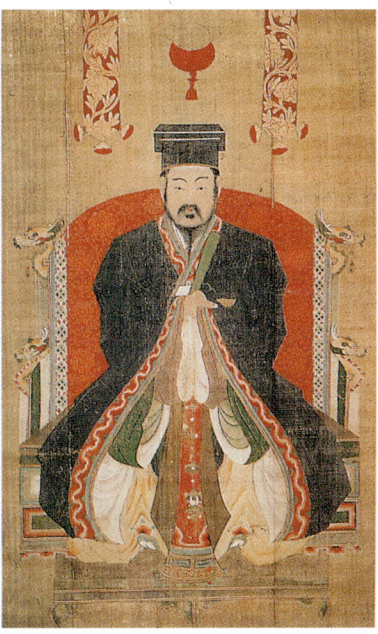

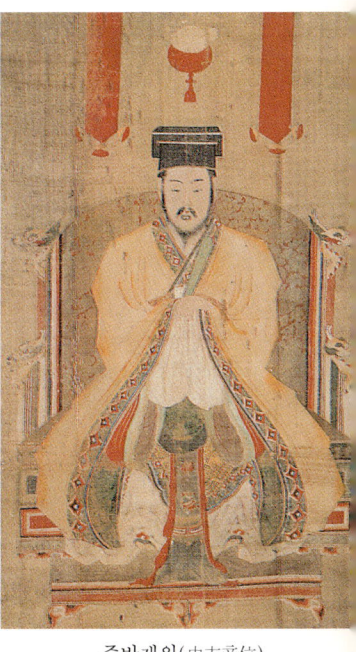

남방제위(南方帝位)　　　　　　　북방제위(北方帝位)　　　　　　　중방제위(中方帝位)

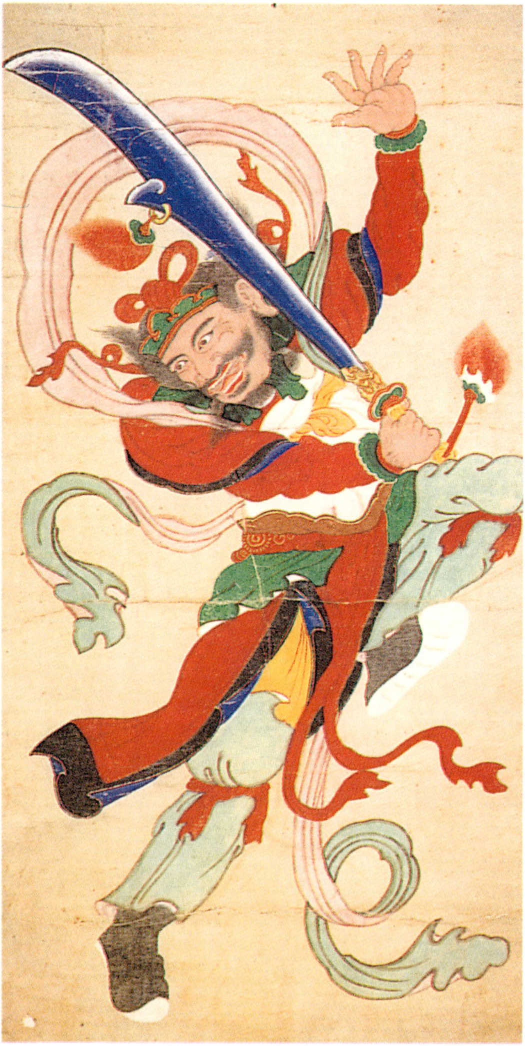

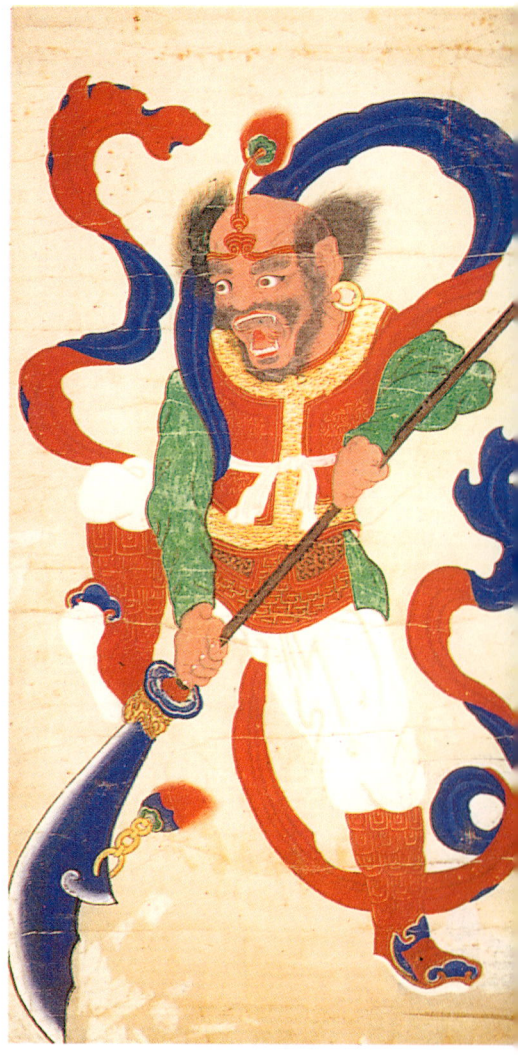

청제재금강(靑除災金剛)　　　　　　　　　벽독금강(碧毒金剛)

팔금강도(八金剛圖)　방패와 창, 삼지창과 검을 잡고 때로는 철, 퇴나 칼 막대를 잡고 소리를 지르며

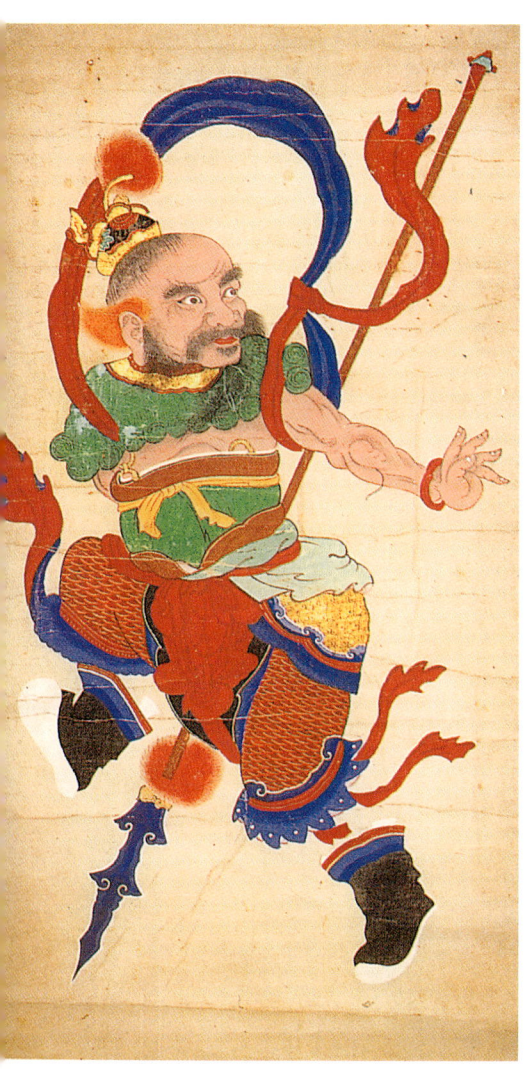 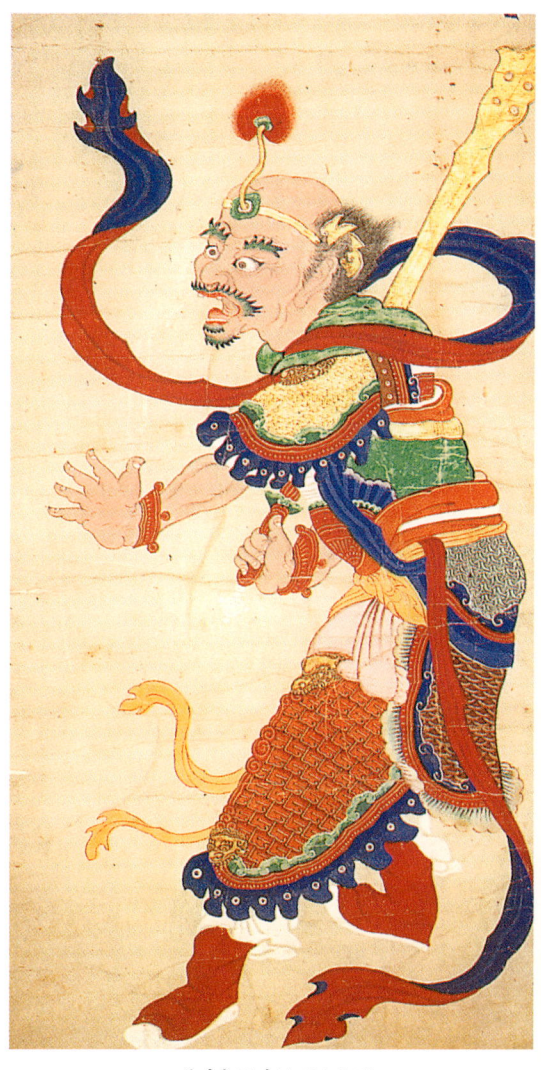

황수구금강(黃隨求金剛)　　　　　　　　　　　　백정수금강(白淨水金剛)

울부짖어 공포감을 주는 모습으로 경장(經藏)을 8방에서 수호한다. 각각 130×67센티미터(90~93쪽).

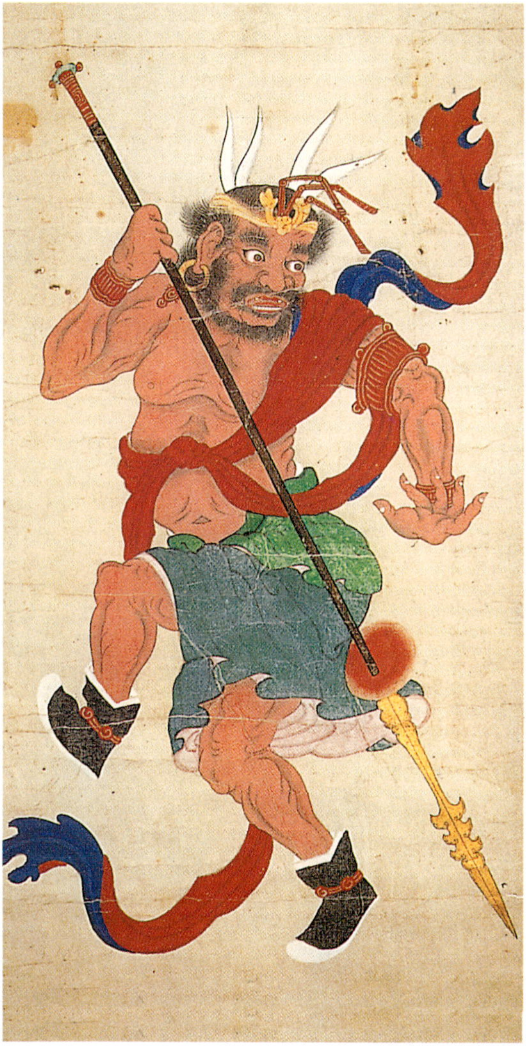

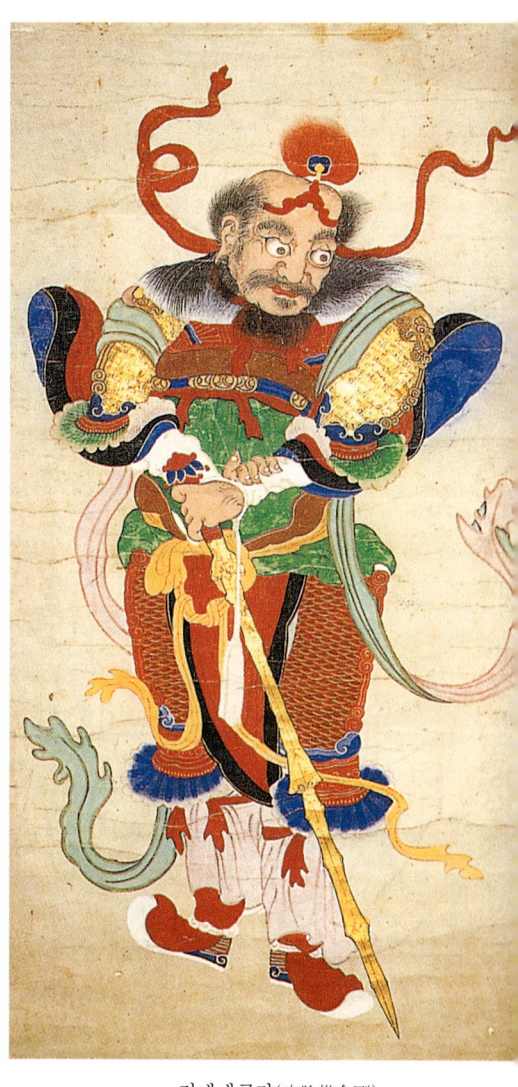

적성화금강(赤聲火金剛)   정제재금강(定除災金剛)

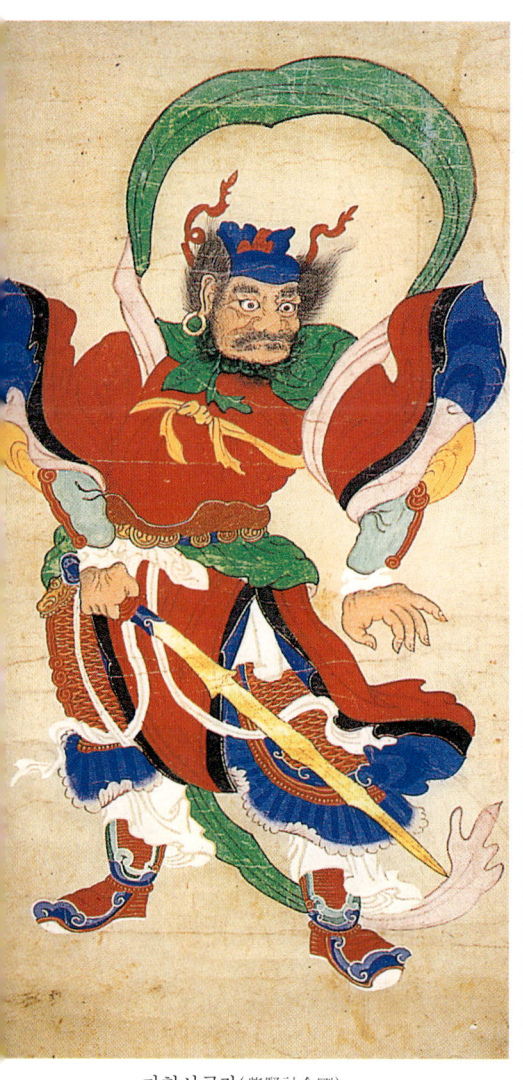

자현신금강(紫賢神金剛)

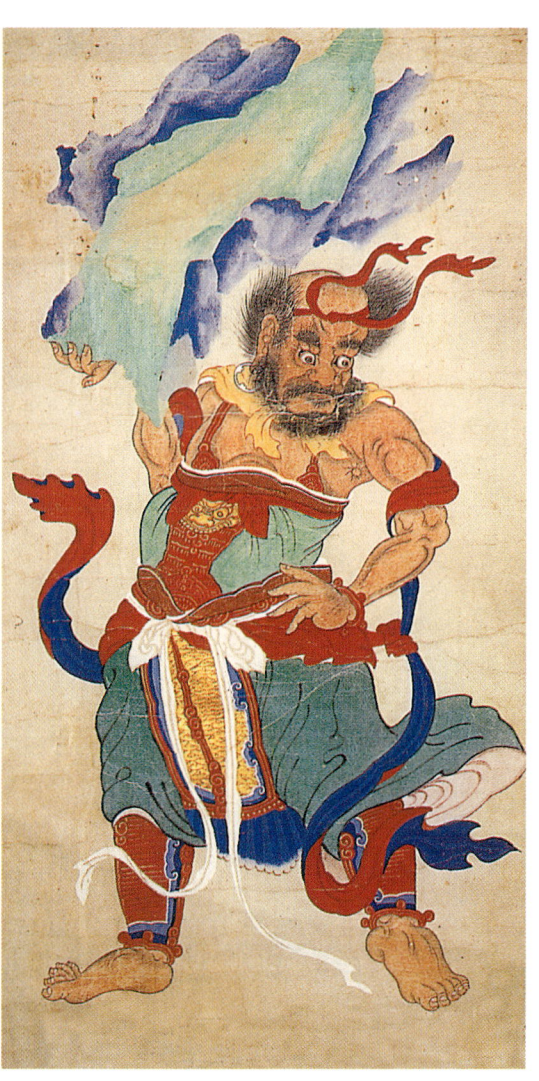

대신력금강(大神力金剛)

수행 의식 용구

수행 의식 용구는 자행 의례 용구라 할 수 있는 것으로 이는 출가자가 자신의 향상(向上)을 위하여 수행을 하는 데 필요한 의식 용구이다. 여기에는 스스로가 출가자임을 상징하는 장삼 등의 승복(僧服)과 출가자로서의 수행의 정도를 상징하는 가사 등이 있다.

한편 발우·염주·수계패 등도 출가자의 수행에 필수적인 생활 용구이다.

이들 자행 의식의 용구는 타행 의례의 규범이 되고 그 시대의 사회와 문화의 척도가 된다는 데서 주목된다. 오늘에 전하는 고승(高僧)의 금란 가사와 수행 생활을 상징하고 있는 발우 등이 이를 잘 말해 주고 있다.

가사(袈裟)

가사는 인도의 불교 복식인 가사야(Kaṣāya)에서 나온 말로 수행승이 입는 법의의 하나이다. 흔히 시주를 받은 헝겊을 활용하여 만들되 조각조각 베어서 다시 꿰매어 만들기 때문에 기웠다는 의미를 지닌 납(衲) 자와 결합시켜 납가사(衲袈裟)라고도 부른다.

가사를 구성하는 하나의 단위가 되는 조각천이 수(修)이며, 사방 둘레에 난(欄)이라고 하는 단을 붙여서 튼튼하게 만든다. 그리고 사방의 네 귀퉁이에는 각첩(角帖)이라는 사각천을 붙이고 착용할 때 어깨에서 흘러내리지 않도록 끈을 단다. 가사는 보시를 받아서 조각천으로 제작하는 것이 원칙이므로 호화스러운 것을 금지하였으나 간혹 금색실로 짜서 만든 금루직성 가사(金縷織成袈裟)도 있는데 시중 공덕의 장엄을 나타낸 것이다.

유물로는 고려시대 대각 국사가 입었다고 전하는 금란 가사와 선

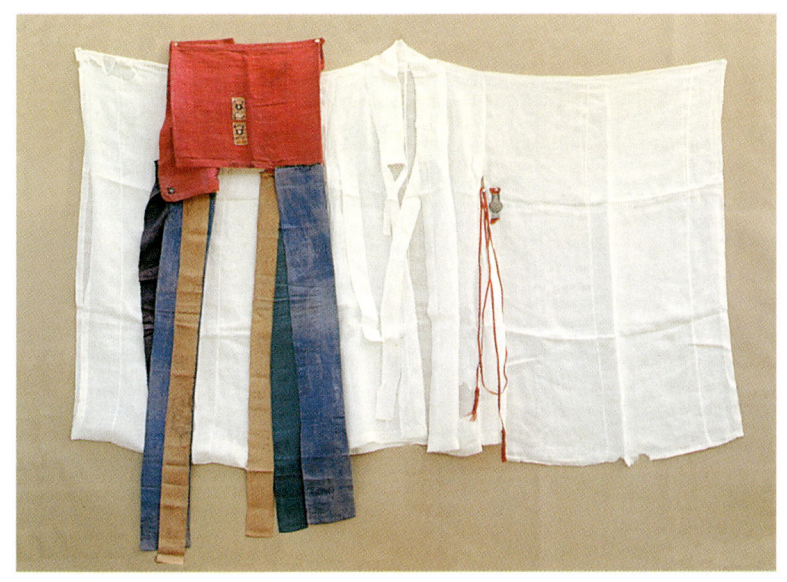

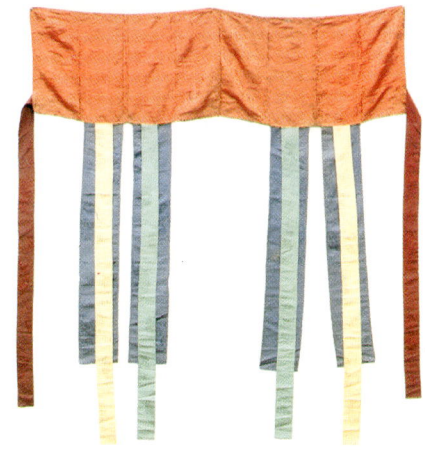

승무 장삼과 가사 승무를 출
때 입는 흰 장삼과 17조 가사.
45.5×79센티미터, 끈 123센티
미터(위).

21조 가사 54×182센티미터,
끈 154센티미터(왼쪽).

덕여왕이 자장 법사에게 내린 금란 가사, 조선시대 유정 대사의 금
란 가사 등이 대표적인 예이다. 현재에도 해(日光)를 상징하는 삼족
오(三足烏)와 달(月光)을 의미하는 옥토끼를 수놓은 가사나 '옴' 혹
은 '남' 자의 범어(梵語)를 수놓은 금란 가사가 있다.

낙자(絡子)

승려들이 일을 할 때나 평상시에 사용하기 편하게 목에 걸어서 매는 약식형의 가사를 낙자(絡子)라 하는데, '낙'은 '괘락(掛絡)'의 준말이다. 범어로는 Antaravāsa라고 하며 안다가사(安多袈裟), 안타발살(安陀跋薩), 안타라발살(安陀羅跋薩), 안다회(安多會)라고도 부른다.

또 내의(內衣 또는 裏衣, 中宿衣)로 착용하는 5조 가사를 의미하며 속에 입는 옷이기 때문에 친체의(親體衣)라고도 한다. 그 유래는 중국 당나라 때의 측천무후가 법의를 축소시켜서 선승들에게 내려준 후 주로 장삼 위에 입게 되었다고 한다.

하나는 길고 하나는 짧은 1장(長) 1단(短) 구조의 5조 가사이고, 전체적으로 가사의 형태를 간략하게 한 다음 여러 개의 끈을 연결해서 목에 걸어 가슴에 드리워지게 했다.

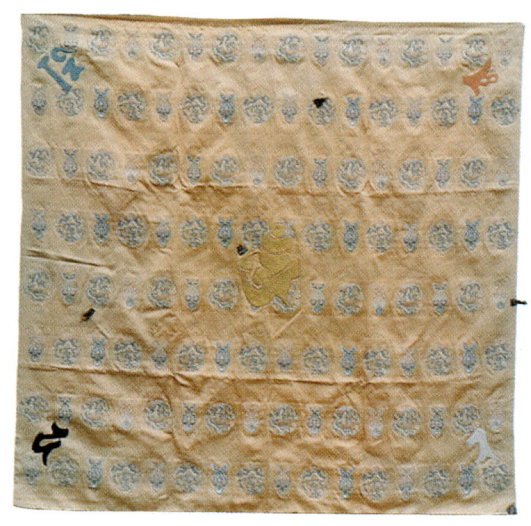

석가여래 가사포 화려한 자수와 범어가 눈에 띈다. 76×77센티미터.

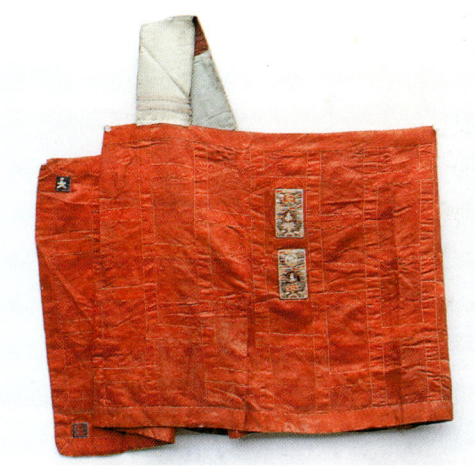

일월도 자수 홍가사
원래 가사는 시주를 받은 헝겊을 조각조각 붙여 꿰매 입는 것이 원칙이었다. 해와 달을 수놓은 19조 가사(195×48센티미터, 왼쪽)와 13조 가사(193×89센티미터, 아래).

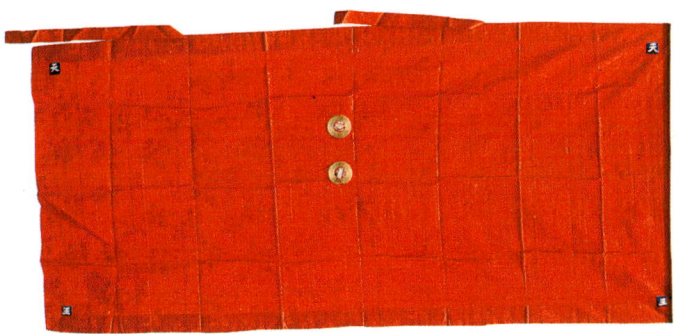

직철(直綴)

스님이 입는 옷으로 옛날의 편삼(偏衫)과 군자(裙子)를 합하여 실용적으로 꿰맨 옷이다. 아래는 많은 주름을 잡아 허리에서 모아 붙이며 우리나라의 장삼과 형태가 같다.

『육서정(六書政)』에는 신체의 상하를 관철하여 옷의 봉재를 동쪽의 중앙에서 위아래로 꿰매기 때문에 직철이라 쓴다고 했다.

좌구(坐具) – 방석(方席)

바닥에 깔고 앉는 방석을 범어로는 Niṣīdana라고 하며 니사단(尼師檀), 니사단나(尼師檀那)라고 음역하는데 수좌의(隨坐衣), 좌와구(坐臥具)라는 뜻이다.

방석은 공양 받은 천을 조각 내는 전통을 계승하여 삼의(三衣)와 같은 방법으로 만든다. 중앙에는 오래된 옷을 배접하고 옷감을 조각 내어 붙이며 가장자리는 선을 두르는데, 네 귀퉁이는 보강을 위해 한겹 더 꿰맨다. 통도사에는 자수로 제작된 방석과 왕골로 짠 등메석이 소장되어 있다. 등메석은 신라시대 이후 중국에 조공을 보내던 대표적인 특산품으로 성가가 높았다.

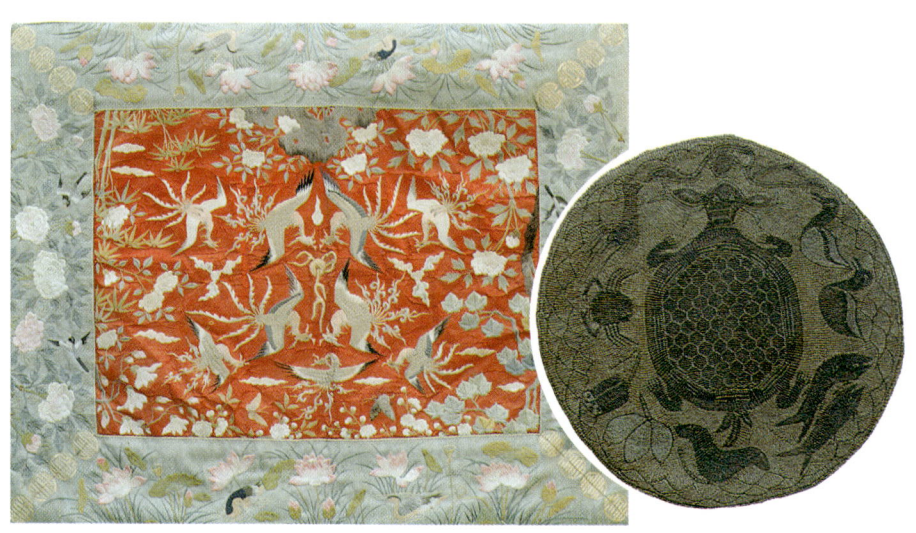

연화 봉황문 자수 방석(蓮華鳳凰紋刺繡方席) 가운데는 화려한 봉황을 수놓았고 한겹 덧댄 가장자리에는 연꽃과 그 사이를 노니는 오리, 활짝 핀 모란과 새가 생동감 있게 표현되어 있다. 101×82센티미터(왼쪽).

어별 연화문 원석(魚鱉蓮華紋圓席) 물고기와 자라 등의 문양이 돋보이는 왕골로 짠 등메석이다. 지름 75센티미터(오른쪽).

궤(櫃)

궤는 나무로 짜서 물건을 넣어 두는 장방형의 기구인데, 그 원류는 상자나 함으로 쓰인 버들고리와 기능상 관련이 있다. 현재 통도사에 소장되어 있는 궤는 나무와 거멍쇠를 재료로 사용하여 기능 위주로 제작된 것이다.

향을 넣어 두던 궤는 명문에 의하면 1663년에 제작된 것인데 조선시대 목가구로는 흔치 않게 연대가 밝혀져 있어 사료적 가치가 대단히 높다. 한편 의복을 넣어 두던 궤에는 작은 종이에 먹으로

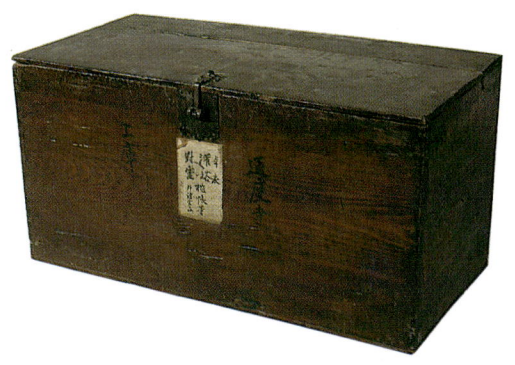

제복궤(祭服櫃) 나뭇결이 그대로 보이는 소박한 형태의 궤이다. 의식에 사용되는 탁자보나 장막 등을 보관하는 데 사용했다. 45×89.5×46센티미터.

'탁의 관욕 침장등 대령외 제고품(卓衣灌浴枕帳等對靈外諸古品)'이라 쓴 것으로 보아 '관욕례(灌浴禮)', '대령례(對靈禮)'와 같은 불교 의례에 사용한 탁자보[卓衣] 혹은 장막(帳幕) 등과 같은 공예품들을 수납하던 가구임을 분명히 밝히고 있다. 특히 의궤(衣櫃)에 의해 이미 구비된 공예품들은 잘 간수하였다가 필요할 때마다 꺼내어 사용하였던 사실도 확인할 수 있다.

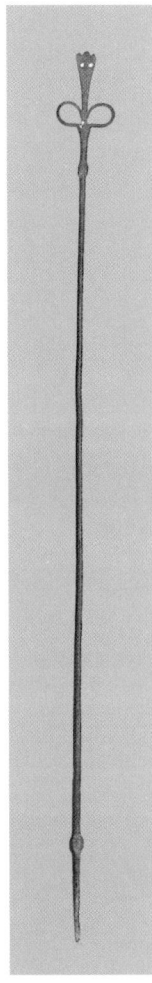

석장(錫杖)

스님이 필수적으로 지녀야 하는 지팡이로 비구 18지물 가운데 하나이다. 범어로는 Khakkhara이며 성장(聲杖), 명장(鳴杖), 지장(智杖), 덕장(德杖) 등으로 불린다. 이 석장은 생활 용구이기도 하지만 지장보살의 상징물, 천수관음보살의 지물로 표현되기도 하였다.

석장의 형태는 전체적으로 긴 막대기 모양에 끝에 쇠고리가 걸려 있는데, 이들의 개수에 따라 4환장·6환장·12환장 등으로 부른다. 재료를 쓸 때 상부는 주석으로 하고 중부는 나무이며 하부는 뿔이나 상아를 사용하여 만든다. 보통 석장의 여의(如意) 형태 부분은 동으로 만들어져 있고 그 아래 받침대는 나무나 철로 되어 있는 것이 일반적이다.

석장 끝에 걸린 쇠고리의 개수에 따라 4환장, 6환장 등으로 부른다. 전체 길이 175.5센티미터.

발우(鉢盂)

부처 또는 승려가 소지하고 있는 밥그릇으로 범어로는 Patra라고

하여 발(鉢), 응기(應器), 응량기(應量器)라고도 한다.

　석존이 열반한 뒤에는 여러 나라로 전해지게 되어 승려들이 발우를 가지고 돌아다니며 탁발을 하는데, 수행중인 비구들의 식사량은 이 한 그릇으로 제한된다. 만드는 재료나 색에 따라 여러 가지 종류가 있는데 나무로 만들어 옻칠을 한 목제 발우가 있고, 도자기나 청동으로 된 발우 그리고 천으로 가볍게 만들고 옻칠을 한 협저 발우 등이 있다. 목제 발우는 크기가 조금씩 작아지는 바리때를 순서대로 포개고 겹칠 수 있기 때문에 혹시 통일신라시대의 유물 가운데 금속으로 제작했던 가반(加盤)과의 관련도 생각할 수 있겠다.

　사용하지 않을 때는 겹으로 포개고 뚜껑을 닫아서 운반하거나 보관하기 편하도록 되어 있다. 그렇기 때문에 탁발 수행을 하는 스님들의 발우로 사용되었다. 이와 같은 목제 발우를 제작할 때 목공용 물레의 일종인 선차(旋車)를 사용하여 통나무의 안쪽을 둥글게 파냈을 것이다. 전체 그릇 형태는 단순하고 기능적인 것이 특징이다.

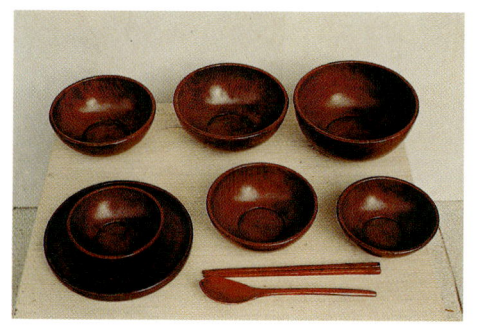
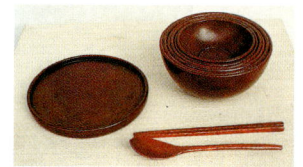

나무발우 크기가 조금씩 작아지도록 제작하여 순서대로 포개고 겹칠 수 있어 운반이나 보관에 편리하다. 꺼내 펼친 상태(왼쪽)와 포갠 상태(오른쪽).

불교 의식 용구의 전통 문화적 의미

불교 문화 발전의 척도

불교 의식 용구는 그 시대의 문화적 척도가 된다. 그것은 불교 의식이 시대와 사회의 요구에 대응한 불교 생활 양식이며, 그와 같은 생활 양식을 영위하는 데 필요한 용구가 불교 의식 용구라는 문화 양식을 낳게 되었기 때문이다.

오늘의 시대가 어떤 불교적 생활 양식을 요구하고 있느냐에 따라 불교 의식의 형태가 달라지게 된다. 그러므로 불교 의식구는 불교 문화의 변천을 가늠하는 척도가 되는 것이다.

다른 한편 불교 의식은 부처와 보살에 귀의하여 불교적 삶을 영위함으로써 안심 입명을 얻으려는 데 그 목적이 있다고 할 수 있다. 즉 살아가면서 생기는 문제 해결을 원해 만든 것이라 할 수 있다. 따라서 의식은 인간과 상황과의 대화이며 여기서 문화의 발생과 발전을 가져오게 한다는 데 중요성이 있다.

불교 의식은 종교적 객체인 부처와 보살, 종교적 주체인 인간과의 상호 관계에서 파악된다. 그런데 양식이 강청적(強請的)·공리적

(功利的) 의도에서 물리적·기계적 양식을 취하게 되면 주술적(呪術的) 의식이 되고, 이해심보다는 순수하고 경건한 귀의의 태도로서의 양식을 취하게 되면 종교 의식이 된다. 그러나 이 두 가지 가운데 하나도 갖추지 못할 때에는 형식주의가 되고 만다는 사실에도 주의를 기울여야 한다. 왜냐하면 똑같은 불교 의식이라 할지라도 시대에 따라서 유형이 달라져 왔고, 또 사회적 계층에 따라 그 문화 양상도 다양하게 전개되어 온 것이라 믿기 때문이다.

다른 한편 불교 의식은 문화 발전의 계기를 마련하게 된다는 사실을 주목해야 한다. 그것은 종래의 관습적이고 형식적인 의식으로서는 우리들에게 납득되지 않으며 새로운 문화도 발생하지 않는다는 사실을 충분히 인식할 수 있게 되기 때문이다. 따라서 불교 문화를 발전시킬 수 있는 불교 의식은 경건함에 의하여 타의 모범이 되어야 하고, 또한 간절한 발원이 포함되어 있어야 한다.

불교 의식의 유형화로서의 의식 용구

불교 의식은 정토교형(淨土教型) 의식·밀교형(密教型) 의식·선정형(禪定型) 의식 등으로 구분된다.

정토교형 의식은 예배와 염불, 발원문의 독송 등 3대 요소에 의해서 행해진다. 여기에 필요한 의식구는 예배의 대상으로 아미타여래상의 조각이나 불화를 봉안하고 염불에 필요한 범종·목탁·굉쇠·법고 등이 갖추어져야 하며, 발원문을 낭독하고 불전에 올려 놓는 용구인 소통 등이 있다. 그런데 이상과 같은 의식 용구로 행하는 정토교형 의식은 '나무아미타불' 하는 염불로 의식을 마무리하게 된다.

이러한 정토교의 간결한 의식은 불교의 대중화를 가져오게 하고,

한편 여섯 자의 염불로 전체를 아우르는 종교 의식은 의식 용구의 정밀한 기법을 낳게 한다. 그리고 문화적 기능은 사회 구성원 전체의 문화 역량이 총집결한다는 특징을 지닌다. 그 좋은 예의 하나로 신라시대의 사리 용구와 범종을 손꼽을 수 있을 것이다.

밀교형 의식은 통일적 다신교의 형태를 지닌다. 이는 중생 구제의 대자비심을 바탕으로 중생의 요청을 통찰하며 부처와 보살 이외에 제석·대범·사천왕·산신(山神)·칠성(七星) 등이 신앙의 대상이 된다. 신을 모시는 데 필요한 의식은 기원으로 일관되고 그 기원은 다신교적 신앙의 대상을 일원화하는 데서 신앙의 목적을 달성하게 된다. 그리고 밀교 의식은 다양한 의식구를 필요로 하게 되는데 그 것은 밀교형 의식이 상징성과 신비성을 중요시하기 때문이다.

금강저·금강령·육환장 등이 대표적인 밀교형 의식 용구이며, 통일적 원리에 입각한 가람 구성의 만다라적 요소도 밀교 의식의 소산이다. 의식 도량을 청정하게 하고 장엄하게 하는 데 필요한 12지신상·금강상과 기타의 호법 신중 등의 불화도 밀교형 의식 용구의 범주에 속한다. 한편 부처와 보살을 의식 도량에 모셔 오는 시련 의식에 필요한 각종 번류와 인로왕보살번 등의 기치류는 정토교형 의식 용구의 의미도 지니지만 기능에 있어서는 밀교형 의식 용구의 성격이 강하다고 할 수 있다.

밀교형 의식 용구는 다신교적 신앙의 대상들을 종합하는 문화 역량과 상징성이 강하게 표출되었을 때와 그렇지 못하였을 때의 문화적 소산이 차이를 나타낸다. 고려시대에는 전자의 밀교형 의식구가 발달하여 오늘에 전하는 우수한 금강저·금강령 등이 그것을 말해 준다. 반면에 도량 장엄용이라고 볼 수 있는 각종 번과 기치류 등은 후자의 경우에 속하는데 조선 후기 밀교형 의식 용구의 한 특징적 요소를 나타낸다고 할 수 있다. 요컨대 밀교 의식은 철저한 긍정주의에 입각하여 우주 자체를 부처와 보살로 인식하여 찬란한 채색이나 다양한 형상에 의하여 상징성이 강조되는 장엄 문화를 발달시켰다.

선정형 의식은 일상 생활이 곧 의식이라는 특징을 지닌다. 이는 정토교형 의식이나 밀교형 의식이 일상 생활과는 구분되는 것과는 달리 선정형 의식은 일상 생활 그대로가 의식 행위이며 의식의 집행이다. 그리하여 선종에서는 의식 행위를 부정하는 것으로 인식되고 있지만 선정 삼매의 수행으로 종교 의식의 본질에 직접 몰입하여 그 실체를 파악, 실증하여 무상지견(無上知見)을 계발한다는 선종 본연의 입장에서 보면 일상 생활 그대로가 최고의 문화 가치를 지닌다. 존귀무상(尊貴無上)의 생명이며 그 스스로에 조직이 있고 체계가 있어 그대로가 최고의 불교 의식이 되는 것이다. 그러나 아무렇게나 영위하는 일상 생활이 불교 의식이 될 수는 없는 것이다. 선종의 일상 생활은 청정한 규칙(淸規)과 같은 엄한 규제가 있어야 한다는 사실을 잊어서는 안 된다.

선정형 의식에서 발우와 가사 등이 중요시된다. 『전등록』 등에서 가사와 발우로 법맥을 전하는 것은 이런 이유에서이다.

앞에서 살핀 정토교형 의식·밀교형 의식·선정형 의식은 다시 자행 의식과 타행 의식으로 구분된다.

자행 의식은 스스로의 향상을 기하는 수행 의식이라 할 수 있고, 타행 의식은 출가자가 재가자의 의뢰를 받아들여 기원을 행하여 재가자에게 회향하는 의식이다. 그런데 이들 양자는 대승 불교가 지향하는 상구보리 하화중생의 교의적 뒷받침을 지니고 있으며 정토교형 의식·밀교형 의식·선정형 의식은 다시 이들 상구보리 하화중생의 의식 형태를 지니게 된다.

그런데 이 세 가지 유형의 의식을 자행 의식으로 행하면 의식 용구가 간결하고, 타행 의식으로 행하면 의식 용구가 복잡해진다. 예

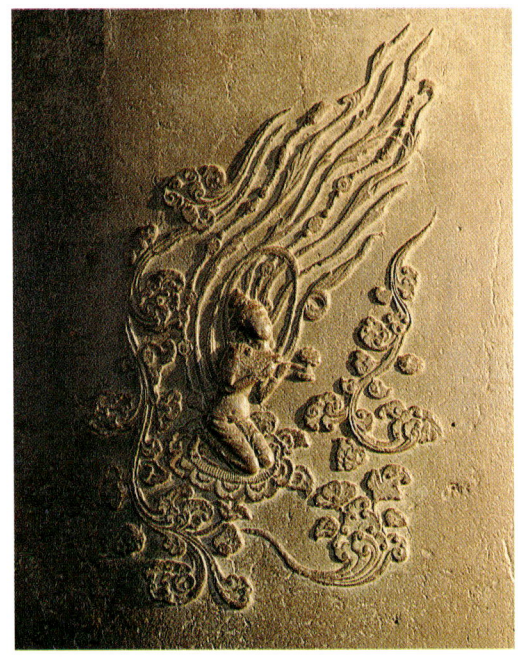

비천상 연화좌 위에 무릎을 세우고 공양하는 상이다. 주위에는 보상화가 구름같이 피어 오르고 하늘 위로 천의와 영락(瓔珞) 등이 휘날리고 있는 화려하고 우수한 걸작으로 신라시대의 문화적 역량이 잘 드러나고 있다. 봉덕사 성덕대왕 신종 부분.

컨대 정토교형 의식을 자행 의식으로 행하면 '나무아미타불' 한 구절의 염불을 행하여 기원하는 것으로 족하나 타행 의식을 행할 때는 범종·목탁·법고 등이 필요하고 경우에 따라서는 의식 무용도 필요하게 된다.

밀교형 의식을 자행 의식으로 행하면 신(身)·구(口)·의(意)의 삼밀이 부처와 보살과 상응하여 일치함을 목적으로 하는 수행 의식이 행해진다. 이때 금강저와 금강령 등의 밀교 의식구와 만다라의 관법(觀法) 등을 필요로 하게 된다. 타행 의식으로 행할 경우에는 부처와 보살이 의식 도량에 오고 가는 것을 형상화하는 행렬 의식과 도량을 청정하게 하는 각종 장엄구가 상징적 의미를 나타내기 위하여 필요하게 된다. 선정형 의식에서 보면 자행 의식과 타행 의식은 구분되지 않는다. 선종 수행자의 일상 생활과 구분되지 않는다는 선정형 의식의 특질이 자행 의식과 타행 의식의 구분도 없게 한 것이다. 그러나 선종 교단이 중생 구제를 위한 타행 의식을 행할 경우에는 정토교형이나 밀교형의 타행 의식을 빌려 대행하는 것이 한국 불교 교단의 또 하나의 특징이다.

시대 불교 문화의 소산

시대에 따라 성행한 불교 의식의 형태가 달라졌다. 신라시대에는 정토교형 의식에서 자행 의식과 타행 의식 두 형태가 동시에 성행하였다. 정밀한 표현 기법, 뛰어난 조형미와 신운(身雲)과도 같은 아름다운 소리를 내는 봉덕사의 범종 등은 정토교의 자행 의식과 타행 의식이 조화를 이룬 문화 역량에 의하여 조성된 대표적인 작품이라고 할 수 있다.

고려시대에는 세 가지 유형의 의식이 다같이 성행하였고, 정토교형 의식과 밀교형 의식은 자행 의식과 타행 의식의 두 형태가 모두 성행하였다. 따라서 고려시대야말로 불교 문화가 가장 성행했다고 볼 수 있다. 오늘날 전하고 있는 금강저·금강령 등의 밀교 의식구와 사리 용구, 불구로서의 고려 청자·사경·불화 등은 모두가 자행 의식에 의한 수행법으로 불교적 바탕을 튼튼히 다진 다음에 대중화되는 타행 의식을 성하게 행한 데서 나온 문화적 소산이다. 그것은 고려 사회가 요구하는 총체적 문화 욕구를 불교가 충족시킬 수 있었기 때문에 가능하였던 것으로 믿어진다.

조선시대가 되면 자행 의식은 일부 선승(禪僧)에 의하여 명맥이

유지되고 정토교형 의식과 밀교형 의식은 타행 의식 중심으로 행해지게 되었다. 그것은 조선시대의 불교적 문화 의식이 상류층에서는 소외되고 주로 일반 대중에 의해 요구되었기 때문이다. 상류층에서 불교적 기반을 잃은 불교 교단이 일반 민중에게 불교적 문화 작용을 하게 되자 새로운 불교 의식의 구성 체계가 필요했다. 그리하여 18세기에 『범음집(梵音集)』 등의 각종 의식집의 정비가 이루어진 것이다.

『범음집』 등의 정비 이후에 불교 문화가 새롭게 발전했다는 데 주목하지 않으면 안 된다. 왜냐하면 18세기 이후 새로운 양식의 정립을 있게 한 불화의 발전, 범패 등의 부흥에 의하여 불교 의식이 예능화된 것을 바탕으로 조선 후기 민속 예술의 발전을 보았다고 믿기 때문이다. 따라서 조선 후기의 의식 용구는 신라시대나 고려시대의 의식 용구처럼 정밀하고 화려한 작품이 되지는 못하였으나 다양하게 의식 도량을 장식하는 장식미를 추구하게 되었다. 다시 말해 조선시대의 의식 용구는 그 하나하나가 예술적 우수성을 지니는 것이라 할 수는 없으나 그 전체적 구성이 장엄하다는 데서 예술사적 의의를 살필 수 있게 된다. 『범음집』과 『작법귀감(作法龜鑑)』 등에 의하면 불교 의식의 진행 절차에 예능적 요소를 많이 삽입하고 있다.

불교 의식에 사용되는 의식구는 불교적 신앙 생활을 영위하는 데 필요한 구상성을 지니는 불교 공예품이다. 그러나 단순한 공예품에서 끝나는 것이 아니라 거기에서 음악이 발생하고 무용이 발생한다. 뿐만 아니라 연극도 있고 문학도 있다. 이들은 모두가 한 시대, 한 사회의 총체로서 오늘에 전해지고 있다는 데서 의의를 찾을 수 있다. 따라서 오늘에 전하는 불교 문화 유산에 대한 총체적인 조감은 불교 의식구에 대한 재조명으로 가능해진다.

맺음말

앞에서 불교 의식 용구를 시련 의식 용구·법회 의식 용구·수행 의식 용구로 나누고 또 타행 의식 용구와 자행 의식 용구의 두 가지로 구분하여 살펴보았다. 그 결과 시련 의식 용구와 법회 의식 용구는 타행 의식 용구이며, 수행 의식 용구는 자행 의식 용구라는 것을 알게 되었다.

본래 자행 의식 용구가 선행하고 그에 바탕한 타행 의식 용구로 전이된 것이지만 타행 의식 용구가 의식 용구의 대부분을 차지하고 있어 불교 공예품 역시 타행 의식과 관련된 것이 대부분이다.

그러나 이들은 모두가 자행 의식 용구를 기본으로 하면서 범부의 신앙적 요구에 응하여 민속화의 경향을 나타내고 있는 것이 타행 의식 용구임을 명심할 필요가 있다. 곧 자행 의식의 용구는 타행 의식 용구의 근본이 된다는 말이다.

그것은 타행 의식 용구는 자행 의식에서 얻은 근본지가 바탕이 되어 자비행을 행하는 방편지(方便智)로 나타난 것임을 인식시키고자 하는 데 목적을 두고 있기 때문이다. 이는 불교의 생활화를 의미

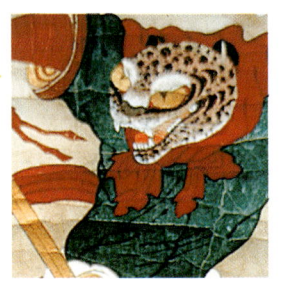

하는 것이다. 그리하여 불교 의식 용구는 불교 공예품에는 틀림없으나 다른 한편으로 의식구라는 성격을 지니게 된다. 그렇기 때문에 이들은 단순히 불교 공예품으로만 존재하지 않고 불교 회화, 불교 음악, 불교 건축 등과 상관 관계를 지니면서 불교 의식의 동적 행위에 수반되는 모든 불교 예술을 종합하고 융합하여 불교 회화나 조각, 음악, 건축 등의 양식 형성에 지대한 영향을 미쳤다는 사실에 주목할 필요가 있다.

나아가 이들 의식구를 통하여 불교적 생활 양식을 이해할 수 있게 됨은 물론 그것이 곧 불교 문화의 내용과 성격을 이해하는 중요한 자료가 되고 있다는 점도 간과할 수 없는 것이다.

참고 문헌

『범음집(梵音集)』

『진언집(眞言集)』

『작법귀감(作法龜鑑)』

『석문의범(釋門儀範)』, 안진호 편, 법륜사, 1961.

『불본행집경(佛本行集經)』

『관세불형상경(灌洗佛形像經)』

『보요경(普曜經)』

홍윤식, 『韓國佛敎儀禮の硏究』, 동경, 隆文館, 1967.

김원룡, 『한국미술사』, 범문사, 1968.

홍윤식, 『불교와 민속』, 동국대학교역경원, 1980.

동국대학교박물관·통도사·국립민속박물관, 『불교의식구』, 신유,
     1995.

빛깔있는 책들 103-38

불교 의식구

글	—홍윤식
사진	—홍윤식
회장	—차민도
발행인	—장세우
발행처	—주식회사 대원사
편집	—김범수, 육양희, 김분하, 김수영, 최은희
미술	—유성숙
총무	—이훈, 이규헌, 정광진
영업	—정만성, 강성철, 박은식, 이수일, 최귀심
이사	—이명훈, 이상갑

첫판 1쇄 —1996년 3월 20일 발행
첫판 3쇄 —2002년 5월 30일 발행

주식회사 대원사
우편번호/140-901
서울 용산구 후암동 358-17
전화번호/(02) 757-6717~9
팩시밀리/(02) 775-8043
등록번호/제 3-191호
http://www.daewonsa.co.kr

ⓦ 값 13,000원

Daewonsa Publishing Co., Ltd.
Printed in Korea(1996)

ISBN 89-369-0180-X 00220

빛깔있는 책들

민속(분류번호 : 101)

고미술(분류번호 : 102)

불교 문화(분류번호 : 103)